MARINILZA BRUNO DE CARVALHO
ANTONIO CARLOS DE AZEVEDO RITTO
(ORGANIZADORES)

NOVOS MODOS DE FAZER NEGÓCIOS

EDITORA CIÊNCIA MODERNA

FAPERJ
Fundação Carlos Chagas Filho de Amparo à Pesquisa do Estado do Rio de Janeiro

UERJ
UNIVERSIDADE DO ESTADO DO RIO DE JANEIRO

Novos Modos de Fazer Negócios

Editor: Paulo André P. Marques
Produção Editorial: Dilene Sandes Pessanha
Capa: Ismael Souza da Silva
Diagramação: Daniel Jara
Copidesque: Equipe Ciência Moderna

FICHA CATALOGRÁFICA

RITTO, Antonio Carlos de Azevedo; CARVALHO, Marinilza Bruno de. (Orgs.)

Novos Modos de Fazer Negócios

Rio de Janeiro: Editora Ciência Moderna Ltda., 2022.

1. Administração 2. Negócios
I — Título

ISBN: 978-65-5842-170-2 CDD 658.11

Editora Ciência Moderna Ltda.
R. Alice Figueiredo, 46 – Riachuelo
Rio de Janeiro, RJ – Brasil CEP: 20.950-150
Tel: (21) 2201-6662/ Fax: (21) 2201-6896
E-MAIL: LCM@LCM.COM.BR
WWW.LCM.COM.BR **05/22**

Prefácio

A crise mundial incuba uma nova visão de futuro que dá grandes passos, quer nos grandes conglomerados, quer nas pequenas e médias empresas e até mesmo nas organizações públicas. Praticamente, todos estão sendo obrigados a se reestruturarem.

A questão do emprego e da empregabilidade se transfere para a questão do trabalho e renda e o modelo social se configura em diferentes formas de se articular pessoas e atividades afins com metas e resultados a serem alcançados. A inovação sempre esteve presente nas sociedades em virtude da constante necessidade de solucionar os mais diversos problemas. Há uma relação direta da inovação com a economia e, consequentemente, com o desenvolvimento. Por este motivo, as inovações tecnológicas seguem resultando em interações imprevisíveis que, por sua vez, promovem novos produtos, serviços, processos e geram novas formas de sentir, pensar e agir.

Para articular pessoas e atividades afins, modelos e métodos estão sendo estudados e aplicados em todos os segmentos da sociedade e nas suas diversas dimensões, seja técnica, social e cultural. O propósito é encontrar novos arranjos que possibilitem ao cidadão adquirir habilidades técnicas, conquistar uma posição social, instalar uma nova cultura e melhorar a qualidade de vida.

Mudam as relações de trabalho e já vivemos num mundo do pós-emprego; mais que um emprego, as pessoas precisam ter empregabilidade.

Empregabilidade é capacidade que um indivíduo desenvolve para acumular e manter atualizadas suas competências, rede de relacionamentos e conhecimentos, de forma a ter sempre em suas mãos o arbítrio sobre seu projeto de carreira. Implica adequação da profissão à vocação pessoal, formação sólida e contínua, competência técnica e pessoal, acesso permanente à informação atualizada, flexibilidade e adaptabilidade, competência interpessoal para manter uma boa rede de relações, liderança, atitude proativa, dentre outras.

A educação precisa se adaptar a um ambiente de trabalho onde as pessoas participam por projetos e onde, mais que um diploma conseguido ao longo de anos de dedicação, as pessoas precisam desenvolver e atualizar permanentemente competências.

Mas, como identificar ideias novas? Como viabilizá-las, realizá-las e mantê-las?

No contexto das redes e das possibilidades de produção que elas estabelecem, a complexidade representada pela quantidade de sujeitos passíveis de interação, pela autonomia de cada ator, pela diversidade de objetivos e de visões de mundo, pelas contradições metodológicas e culturais, não representam uma dificuldade insuperável, mas na real possibilidade da construção de uma estrutura singular de produção apoiada nos atores necessários, adequadamente integrados.

Novos tempos, novas e diferentes inserções.

As Startups dominam o ambiente tecnológico como empresas desenvolvedoras de aplicativos, softwares, além de inúmeras soluções criativas para os mais diversos ramos de negócios. O crescimento vertiginoso na criação de *Startups*, apresentações de *marketing* com ofertas de crescimento acelerado e ganhos estratosféricos, têm resultado na atração de grandes investimentos recorrentes, com cada vez mais investidores-anjo, fundos de investimentos e até empresas buscando investir em negócios sem avaliação adequada de risco.

Com vistas a dar tratamento mais adequado à análise de "valor" de uma Startup, foi desenvolvido um Modelo de Maturidade de Startups (MMS) como uma ferramenta de avaliação do seu nível de maturidade. Com o MMS foi criado um programa de treinamento com o objetivo de elevar a capacitação de fundadores e avaliadores em práticas de gestão e governança para Startups.

Este texto aborda também a importância das Incubadoras, com destaque para as Incubadoras Sociais que ligam a Universidade e as Comunidades na medida em que se colocam como instrumentos de apoio para desenvolver Projetos Sociais e promover concertação para o desenvolvimento, estruturando horizontalmente os atores sociais na percepção, decisão, desenvolvimento e implantação dos resultados dos projetos.

O texto destaca a importância do foco concomitante nas dimensões ambiental, social e de governança (efeito ESG) para alcançar SUSTENTABILIDADE promovendo consciência coletiva em relação aos fatores ambientais e sociais e gestão compartilhada entre todos os envolvidos no Projeto.

É também relevante a dimensão do Marketing. O Marketing tradicional e o Marketing digital não competem entre si; eles se complementam. A atividade digital passa a ser imprescindível para que a empresa se prepare para "estar" no mercado. No mundo digital, a velocidade com que as informações são disseminadas é bem maior do que muitas vezes nós podemos acompanhar.

A inovação tecnológica criou modelos de negócios mais eficientes e adequados às exigências do mercado atual. Mas expôs demasiadamente empresas e pessoas. Nesse cenário surgiu, no Brasil, a Lei 13.709, conhecida como Lei Geral de Proteção de Dados (LGPD) que regulamenta o tratamento de dados pessoais com objetivo de proteger os direitos fundamentais de liberdade e de privacidade e o livre desenvolvimento da personalidade da pessoa natural. Diante disso, são apresentadas reflexões pelas lentes do empreendedorismo, acerca da incidência das exigências legais em microempresas e empresas de pequeno porte (ME, EPP). E, ainda, demonstrar a importância de se compreender o movimento inovador desenhado, propondo uma visão circunstancialmente flexível de alguns dispositivos legais, a fim de fomentar os processos de adequação e a conformidade com a lei.

A Lei Geral de Proteção de Dados impõe a todos os agentes de tratamento a obrigação de proteger os dados pessoais com objetivo de proteger os direitos fundamentais de liberdade e de privacidade e o livre desenvolvimento da pessoa natural.

A Pandemia do Corona Vírus trouxe ainda mais preocupação para o setor de pequeno porte. A maioria realizou uma migração forçada para a virtualização de suas atividades.

Ocorre que a adequação à LGPD se tornou obrigatória justamente num período em que o país vivia um momento de crise financeira. Os investimentos para implantar uma nova política de segurança da informação, para capacitar equipes, contratar novos profissionais e reestruturar processos internos de coleta, cadastro, armazenamento de dados, entre outras necessidades trouxeram grande preocupação para o setor.

A Constituição da República de 1988 inaugurou um novo regime no Brasil, consagrando direitos na ordem interna. Decorridos mais de 30 anos, os reflexos dessas garantias estão presentes na introjeção de direitos no tecido social, sendo um bom exemplo o direito à proteção dos dados pessoais dos cidadãos. Com o advento da Lei Geral de Proteção de Dados, todas as pessoas jurídicas, públicas e privadas, deverão realizar um esforço de promoção de uma nova cultura da proteção. Essa é uma exigência mundial que se alastra na ordem interna brasileira e altera profundamente as relações entre empresas e entre estas e seus clientes.

Este livro é o registro de um encontro promovido pela UERJ para discutir novos modelos de negócios num momento delicado, bastante conturbado no mundo dos negócios, das empresas e das pessoas. Tudo está mudando, também a Universidade em geral, e a UERJ em particular, vivem momentos de reflexão a respeito da relação da Universidade com a sociedade.

Uma nova Universidade com participação social que promova fertilização cruzada entre o conhecimento acadêmico e o conhecimento tradicional com benefícios para a ciência e para as comunidades; uma Universidade participante solidária na resolução dos problemas da exclusão social. Neste modelo com cumplicidade entre os segmentos da sociedade e a academia ambos tiram proveito das tecnologias da informação e da comunicação para alargar as fronteiras sociais dos beneficiados pelos conhecimentos já disponíveis.

Na nova Universidade, portanto, no lugar dos muros que separam, há pontes que ligam a academia com a sociedade e a universidade está imersa em ambientes plurais, complexos, com crescente diversidade e interdependência. Conhecimento está sempre sendo gerado. A cidadania depende de soluções locais.

Prof. Dr. Antonio Carlos de Azevedo Ritto
Departamento de Inovação da UERJ

Sumário

Capítulo 1

Produção de Conhecimento Socialmente Robusto para Intervenção Local e Criação de Trabalho e Renda[1]

Prof. Dr. Antonio Carlos de Azevedo Ritto

À Guisa de Introdução

A crise mundial incuba uma nova visão de futuro que dá grandes passos, quer nos grandes conglomerados, quer nas pequenas e médias empresas e até mesmo nas organizações públicas. Praticamente todos estão sendo obrigados a se reestruturarem, se aglutinarem, ou então, mudar de segmento de negócio ou mesmo fechar. Ainda alguns que perduraram com os mesmos modelos e práticas, se veem arrolados em um processo de mudança, já sem condições de protagonismo, apenas seguindo novas regras para sobreviver. Experimenta-se um momento de grande incerteza. É com esta perspectiva que buscamos novas ideias, novos modelos organizacionais e soluções diferenciadas. A questão do emprego e da empregabilidade se transfere para a questão do trabalho e renda e o modelo social se configura em diferentes formas de se articular pessoas e atividades afins com metas e resultados a serem alcançados.

Para articular pessoas e atividades afins, modelos e métodos estão sendo estudados e aplicados em todos os segmentos da sociedade e nas suas diversas dimensões, quer técnica, social e cultural. O propósito é encontrar novos ar-

[1] Metodologia desenvolvida no contexto da ITECS - Incubadora Tecnológica de Empreendimentos Sociais e Cooperativas Sociais

ranjos que possibilitem ao cidadão adquirir habilidades técnicas, conquistar uma posição social, instalar uma nova cultura e melhorar a qualidade de vida. Mas, como identificar ideias novas? Como viabilizá-las, realizá-las e mantê-las?

No Brasil, este tema tem sido alvo de muitas ações para a identificação de vocações e apoio aos pequenos empreendedores. Organizações como Sebrae, Firjan, as agências de fomento em parcerias com as Instituições de Ciência e Tecnologia – ICTs - desenvolvem projetos que contribuem para a geração de processos, produtos e serviços inovadores. Também as Universidades e os centros de pesquisa buscam soluções não convencionais, criam parcerias no modelo de acordo tríplice. A articulação do conhecimento existente, tanto na academia como nas localidades, com atitudes proativas e liderança, poderá transformar visões de futuro em um futuro real.

É fundamental desenvolver e formalizar práticas de abordagem em comunidades de baixa renda no sentido da identificação de vocações locais que apontem oportunidades de desenvolvimento de iniciativas que envolvam pessoas da comunidade, com seus conhecimentos locais, e especialistas da academia, com seus conhecimentos científicos específicos, para, em sinergia e em complementaridade, desenvolver projetos que criem trabalho e renda.

Tecnologia Social

No enfoque da Tecnologia Social as dimensões humanas e sociais estão em primeiro plano. Um conjunto de técnicas e procedimentos, associados às formas de organização coletiva, que representa soluções para a inclusão social e melhoria da qualidade de vida. O desenvolvimento de Tecnologia Social se apoia na inovação dos atores sociais que interagem desde os primeiros momentos na criação, em função de múltiplos critérios, científicos, técnicos, financeiros, culturais, mas, sobretudo, endógenos aos locais e comprometidos com aspectos do real, frequentemente tácitos.

A proposta da inovação articula uma lógica diferente da visão de oferta-demanda. Assim, a Tecnologia Social precisa se constituir como um processo de inovação do qual emerja um conhecimento criado para influir na evolução de problemas enfrentados pelo grupo de atores envolvidos. Estes processos são desenvolvidos a partir da identificação e mobilização de interesses e vocações do local – proposta de políticas descentralizadas (compartilhamento e protagonismo local) e da identificação e estímulo a dinâmicas locais (redes técnicas, sociais, institucionais e empresariais).

Até o final do séc. XVIII, nas sociedades, o sistema econômico estava imerso no sistema social. Nenhuma economia era controlada por mercados (Polanyi, 1944). Polanyi explica a impossibilidade de separar mentalmente a economia de outras atividades sociais antes da chegada da era moderna e destaca que enquanto na sociedade de mercado o objetivo é o acúmulo de ganhos monetários, em outras economias o que se busca é a reprodução material da própria vida. Nas sociedades pré-modernas os incentivos que as pessoas tinham para o trabalho e para a produção era o orgulho, o prestígio, a dignidade, a situação social o reconhecimento público. No sistema de mercado autorregulável de hoje as duas forças que impulsionam a pessoa ao trabalho é o receio da fome e o compromisso de lucro. Sem a proteção da cultura e da comunidade as pessoas se perdem abandonadas ao mercado. O próprio mercado é muitas vezes ameaçado, mas nestes casos, os governos, o regime, se esforçam para criar mecanismos de proteção, como reserva de mercado, fluxo de recursos adicionais, intervenções de assistência a agentes de mercado em perigo etc.

Tecnologia Social – Características Fundamentais

A abordagem pelo caminho da Tecnologia Social considera que as investigações científicas são desenvolvidas pelas universidades e centros de pesquisa em conjunto com comunidades locais usando processos comprometidos com o beneficiamento das comunidades através dos conhecimentos produzidos e localmente aplicados.

Tecnologia Social é um "conjunto de técnicas, metodologias transformadoras, desenvolvidas e/ou aplicadas na interação com a população e apropriadas por ela, que representam soluções para inclusão social e melhoria das condições de vida" (RTS, 2003). O propósito da Tecnologia Social é fortalecer a autonomia cultural e econômica das comunidades através do melhor uso e, sobretudo, do uso comum dos recursos existentes, aí incluídas as pessoas e seus potenciais. A introdução de uma inovação confere poder sobre os processos de produção onde ela é aplicada; a repetição da aplicação de inovações técnicas dá poder aos grupos inovadores já que lhes concede iniciativa e capacidade de prosseguir inovando, preservando e ampliando a autonomia técnica. Esta acumulação de autonomia e de confiança pode ter mais valor que a possível acumulação de capital, e mais poder para produzir uma inovação.

A Tecnologia Social como aqui colocada não está em luta com a Tecnologia Convencional, pelo contrário, usa seus instrumentos de forma complementar. O desenvolvimento de Tecnologia Social está comprometido com a intenção de resgatar, no contexto do local, as possibilidades de produção e de economia latentes nas relações sociais. Cogita o trabalho como um instrumento de articulação social. Tecnologia Social almeja intervenções que construam relações econômicas subordinadas às relações sociais.

A Tecnologia Convencional tem sido instrumento para que a economia global penetre a economia local com seus princípios, seus produtos. A Tecnologia Social, eventualmente utilizando instrumentos da Tecnologia Convencional, está comprometida com a produção local, para consumo local, para intervenção local, podendo, desejavelmente e através de excedentes, extrapolar suas fronteiras e, no limite, penetrar o global. Desenvolver Tecnologia Social é uma das alternativas sustentadas nas possibilidades reais, apoiadas nos conhecimentos científicos, aprendiz permanente das realidades.

Construção Social de Atividades Econômicas

A participação e organização dos agentes da comunidade é condição necessária, mas não suficiente para a sustentabilidade do desenvolvimento endógeno. É necessário também construir novas institucionalidades de gestão social compartilhada, tais como fóruns, conselhos etc. É também necessário identificar sistemas exógenos relevantes para o local, assim como conseguir apoio governamental, que funciona melhor se for descentralizado e quando se baseia em parceria entre o setor público e privado.

Certamente, o envolvimento e o compromisso dos governos locais ajudam a acelerar o processo.

No contexto das redes e das possibilidades de produção que elas estabelecem, a complexidade representada pela quantidade de sujeitos passíveis de interação, pela autonomia de cada ator, pela diversidade de objetivos e de visões de mundo, pelas contradições metodológicas e culturais não representa uma dificuldade insuperável, mas na real possibilidade da construção de uma estrutura singular de produção apoiada nos atores necessários, adequadamente integrados. Assim, o empreendedor local é um ator que reúne as condições preexistentes e autônomas para estruturar a iniciativa possível. É necessário identificar as sinergias locais e as complementaridades necessárias. A tomada de decisão prospera a partir de uma governança sustentada através de fóruns, grupos de percepção, grupos de discussão e de decisão que substitui o processo permanente de estruturação dos atores que se dá tradicionalmente pela via hierárquica.

Assim, a concertação para o desenvolvimento precisa estruturar horizontalmente os atores sociais, Figura 1, para percepção, decisão, desenvolvimento e implantação dos resultados dos projetos, para identificar e mobilizar os interesses econômicos e vocações do local, eventualmente através de proposta de políticas descentralizadas considerando compartilhamento e protagonismo local. A melhor concertação busca, permanentemente, identificar e estimular dinâmicas, redes técnicas, sociais, institucionais e empresariais no local e comprometidas com o contexto.

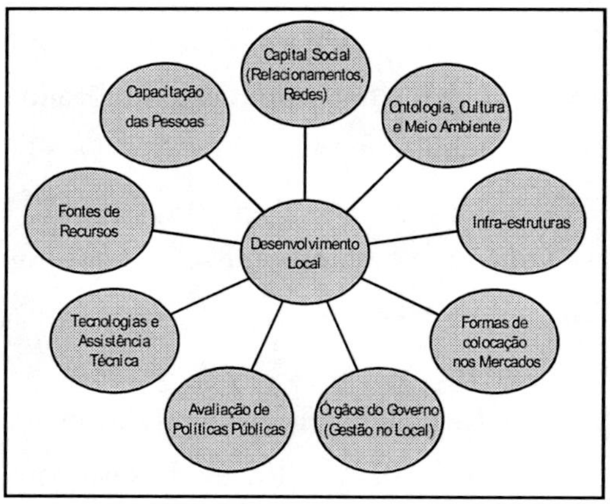

Figura 1 – Estrutura horizontal de atores locais

A introdução de uma inovação confere poder sobre os processos de produção onde ela será aplicada; a repetição de aplicação de inovações técnicas dá poder aos grupos inovadores já que lhes concede iniciativa e capacidade de prosseguir inovando, preservando e ampliando a autonomia técnica. Isso tem mais valor que a possível acumulação de capital que poderá redundar de uma inovação.

Conhecimento Socialmente Robusto

As pessoas, no desenvolvimento das atividades mais simples às mais complexas, convivem com novidades que obrigam aprendizado permanente e inauguram comportamentos e formas de perceber a realidade. Destaca-se, sobretudo, a necessidade de aprender com os aspectos emergentes da realidade e com as relações com os outros agentes, tantas vezes diferentes, mas agora feitos parceiros na percepção, na tomada de decisão, na intervenção da realidade e no compartilhamento de suas consequências – para o bem e para o mal. Caos e ordem convivem nos ambientes determinando a permanente necessidade de estruturantes que buscam suas possibilidades nos conhecimentos de cada um, mas que só prosperam na colaboração de todos.

Conhecimento Socialmente Robusto é desenvolvido em contextos sociais específicos e comprometido com a criação de trabalho e renda.

Cocriação de conhecimento e intervenção local

As ações nas áreas de baixa renda nem sempre resultam na transformação das pessoas através da inserção econômica – acesso a trabalho e renda. Um modelo de crescimento econômico com subdesenvolvimento social e humano com deterioração do meio ambiente, concentrador de renda e com desigualdade social não superará a crise socioeconômica que está instalada na sociedade e que conspira para a formação e manutenção de áreas de baixa renda e de pessoas destituídas de cidadania.

É necessário um esforço permanente e localizado nas diversas comunidades e regiões para prover ações de desenvolvimento das pessoas visando a prepará-las para o mundo do trabalho. É fundamental a identificação de complementaridades e sinergias entre crescimento econômico e equidade social, organização da sociedade civil e fortalecimento das organizações comunitárias. Os avanços tecnológicos proporcionam formas inéditas e sofisticadas para resolver problemas, fazer negócio, estabelecer relacionamentos, proporcionar lazer e promovem uma globalização voltada para a geração de ganhos elevados, mas aprofundam, ao invés de minimizar, a exclusão econômica e social.

A Academia, segmentada em disciplinas, fragmenta o conhecimento e enfrenta dificuldades para perceber a realidade. As diversas comunidades enfrentam realidades inéditas para as quais as pessoas precisam dar respostas imediatas para sobreviver. O pensamento em rede, transdisciplinar, considera a diversidade e a autonomia de cada ator e busca uma nova lógica para a coexistência das diferenças e da busca do bem comum.

Tecnologia Social, no contexto deste projeto, decorre de processo de inovação do qual emerge um conhecimento criado para resolver problemas na realidade, aproveitar oportunidades ou promover evoluções no ambiente em que se colocam os atores sociais envolvidos. Tecnologia Social é culturalmente inspirada e coletivamente produzida, que, envolvida com contextos reais, mobiliza forças endógenas à comunidade local, para apresentar soluções para problemas, comprometida com inclusão social e criação de trabalho e renda.

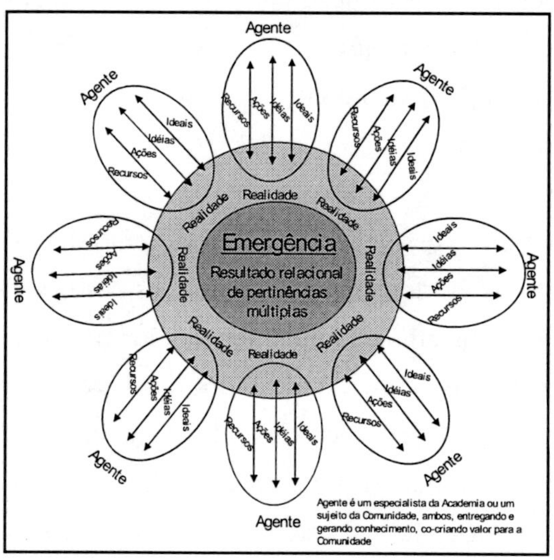

Figura 2 – Emergência do objeto e do sujeito transdisciplinares

Subjacente a este entendimento está o objetivo de influenciar a elaboração de políticas públicas para estimular a articulação de agentes sociais no sentido do desenvolvimento complementar e sinérgico de ações sustentáveis. Para alargamento da percepção da realidade e para chegar às melhores intervenções é necessária a interação de agentes, tanto das comunidades locais, como da academia, visando à cocriação de conhecimento e de valor, de novas formas de ver. A Figura 2 representa esta pluralidade de percepções; um agente pode ser um especialista da academia ou um sujeito da comunidade, ou um sujeito de cultura, todos entregando e gerando conhecimento, cocriando valor com a comunidade. O que se verifica não é um agente organizando os ambientes, mas os ambientes organizando a si mesmos a partir das iniciativas dos agentes e das consequências de seus trabalhos, de suas intervenções.

São consideradas as dimensões ontológica e epistemológica do conhecimento. <u>Ontológico</u> como a parte da filosofia que trata do ser enquanto ser, isto é, do ser concebido como tendo uma natureza comum que é inerente a todos e a cada um dos seres – sua história.

<u>Epistemológico</u> como o estudo crítico dos princípios, hipóteses e resultados das ciências já constituídas e que visa a determinar os fundamentos lógicos, o valor e o alcance objetivo delas: teoria da ciência - conhecimento.

Espiral do Conhecimento

Assim, a pretensão da metodologia aqui proposta tem duplo compromisso. Por um lado recuperar o conhecimento tradicional a partir dos saberes das pessoas nos diversos lugares, e com isso, propor e construir melhores e mais adequadas soluções para os problemas reais, e, por outro lado, formalizar estes conhecimentos e os resultados destas experiências em bases científicas e, com isso, torná-los úteis a outras aplicações e outras formalizações.

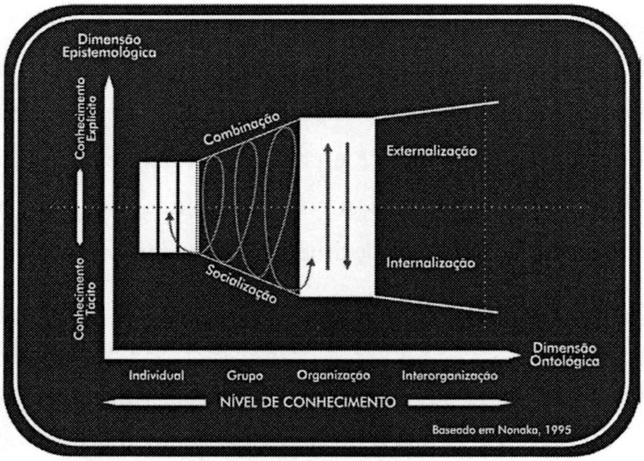

Figura 3 – Criação, formalização, disseminação e uso do conhecimento

Na teoria da criação do conhecimento (Nonaka, 1995) as duas dimensões são consideradas, Figura 3. A **dimensão epistemológica** baseia-se na distinção entre conhecimento explícito e conhecimento tácito, desenvolvida por Polanyi e a **dimensão ontológica** refere-se ao nível organizacional (nível individual, de equipe, da organização e interorganizacional). A princípio, o conhecimento só pode ser criado pelos indivíduos. A criação do conhecimento é um processo que ocorre em um ciclo ascendente de comunidades de interação, passando do indivíduo até os pontos de contato no ambiente. Nesse processo os indivíduos são responsáveis pela criação efetiva do conhecimento e dos grupos, pela síntese, enquanto a organização assume o papel de amplificadora do conhecimento, cristalizando-o como parte da sua rede de conhecimento. Nos ambientes criadores do conhecimento há uma relação mútua entre conhecimento explícito e conhecimento tácito. Esses conhecimentos interagem entre si e alternam-se nas atividades criativas dos indivíduos. O modelo dinâmico de criação do conhecimento desenvolvido por Nonaka e Takeuchi está ancorado no pressuposto crítico de que o conhecimento humano é criado e expandido através da interação social entre o conhecimento tácito e o conhecimento explícito, chamada **conversão do conhecimento**. No modelo, essa conversão pode manifestar-se de quatro maneiras distintas: socialização, externalização, combinação e internalização.

A **socialização** consiste na conversão do conhecimento tácito em conhecimento tácito. É um processo através de quais experiências são compartilhadas e, a partir daí, o conhecimento tácito é multiplicado, na forma de modelos mentais e habilidades técnicas. A **externalização** é o processo de articular conhecimento tácito em conceitos explícitos. É o principal processo de criação do conhecimento, na medida em que permite que os conhecimentos tácitos tornem-se explícitos e compartilháveis, expressos na forma de metáforas, analogias, conceitos, hipóteses ou modelos. Esse processo é disparado através do diálogo e da reflexão coletiva. O processo de **combinação** é a conversão do conhecimento explícito em conhecimento explícito. Envolve a junção de diferentes componentes isolados do conhecimento explícito, formando um todo novo. Baseia-se na troca de informações explícitas e relaciona-se com mídias como documentos, reuniões formais, telefonemas ou redes de comunicação computadorizadas e com a educação formal. Já a **internalização** consiste no processo de incorporação do conhecimento explícito no conhecimento tácito. Quando o conhecimento explícito começa a ser compartilhado, os indivíduos começam a internalizá-lo, utilizando-o para ampliar, estender e reformular suas bases de conhecimentos tácitos através do desenvolvimento de modelos mentais compartilhados. A internalização relaciona-se com o que se convencionou chamar "aprender fazendo". Além disso, esse processo é responsável por reiniciar todo o ciclo de criação do conhecimento, uma vez que o conhecimento tácito precisa ser socializado entre os membros da organização. As soluções, as intervenções, as ações em geral precisam ser atrativas para as pessoas, agregar valor para as comunidades e para a sociedade, respeitar o meio ambiente, ser sustentáveis e, de alguma forma gerar resultados mensuráveis. A proposta de relacionamento para percepção da realidade e planejamento de ações se sustenta na pedagogia da problematização e no modelo de gestão compartilhada que coloca saberes acadêmicos científicos e saberes não científicos locais em cooperação para cocriar conhecimento, para promover intervenções solidárias visando a inclusões política, social e econômica das pessoas. Um pressuposto é que cultura, conhecimento, tecnologia e capacitação são os instrumentos de inserção política, econômica e social.

Exclusão e Visão Única - Armadilhas a Serem Evitadas

A dinâmica transdisciplinar para desenvolvimento e uso de tecnologia social não nega nem exclui qualquer elemento da realidade; nem mesmo agrega de forma única todos os elementos. A transdisciplinaridade visa ao que está entre, através e além de toda e qualquer disciplina. Este princípio se aplica também às pessoas, aos projetos e às iniciativas que devem ser cogitadas como transpessoal, transprojeto, transiniciativa, respeitando e envolvendo todos os atores sociais dos locais.

É necessário ter em mente que o discurso da participação de todos, seja pela via da problematização, seja pela via do modelo de Gestão é de difícil implantação na prática; a quantidade de experiências que ficou na idealização da participação sem conseguir envolver efetivamente as pessoas é suficiente para que esta preocupação seja mantida em perspectiva.

O Programa aqui proposto e os projetos nos quais se desdobrará, não podem sufocar outros atores, nem outros projetos; o Programa não pode sequer prevalecer sobre outros. A tendência envolvente e integradora do programa não pode resvalar para nenhum tipo de exclusão. Projetos, iniciativas, atores que em determinado momento não estejam envolvidos e integrados ao programa precisam ser mantidos nas suas particularidades e na sua autonomia. Cada ponto não atraído pela oportunidade do programa transdisciplinar em determinado momento pode conter as sementes do futuro e desabrochar diante de mudanças na realidade. A efervescência, com todas as contradições e paradoxos, mais que tolerada deve ser incentivada.

Sequer devem ser pressupostos níveis de importância seguindo interesses políticos específicos. Deve ser mantida a saúde do desconectado, do descentralizado e do integrado com todas as dificuldades da convivência. O mundo das redes é o mundo da autonomia e da integração. Em nome de um programa transdisciplinar, de reconhecido alcance social, não podem ser impostos princípios nem práticas que neguem liberdade a outras manifestações e opções para evolução.

O esforço na criação, difusão e aplicação dos conhecimentos prossegue insuficiente. Por toda parte, com diversas profundidades, fracassa-se em dar a cada pessoa a possibilidade de ser um ator, bem preparado e protegido, informado e orientado da vida social e econômica. Força política nenhuma representa o conjunto dos atores sociais. Programa nenhum, projeto nenhum, deverá pretender representar todos os interesses e possibilidades de uma comunidade, de um grupo de pessoas, de um local; o conjunto de questões e de pontos de vista e mesmo de possibilidades de evolução não pode ser reduzido a nenhuma representação. Conviver com contradições e antagonismos tem que ser inerente a toda proposta de transformação. Nenhuma pode sufocar qualquer outra sem ferir o contexto. Toda iniciativa tem que se pensar ameaçada por novas percepções e novos acontecimentos. Só a diversidade é capaz de dar conta do fluxo de incertezas e dos resultados parciais, dos fluxos e da dinâmica social. Excessivo peso a qualquer projeto de intermediação tira força do conjunto pelo privilégio concedido a categorias que passam a ser protegidas e pela eliminação do diverso, fonte das energias que tratarão do inesperado.

Uma comunidade e cada pessoa da comunidade são sujeitos da transformação e não objetos dela. Sujeito com consciência e autonomia, imerso na diversidade determinada pelas contraditórias e concomitantes lógicas decorrentes dos demais sujeitos com que convive. A transdisciplinaridade não convoca nem uma identidade, nem uma homogeneidade, nenhum fechamento. A ideia de sujeito reivindica o direito à diferença; diversidade. A evolução não é resultado da predominância de uma ordem na desordem social, mas de uma dinâmica permanente que encontra as ordens possíveis a cada momento. Neste contexto vale cogitar que o bem está ligado à aceitação do outro enquanto que o mal à sua eliminação.

Problematização e Decisão Coletiva

A abordagem metodológica está comprometida com um desenvolvimento das pessoas e tem no local, na comunidade, no Projeto, o estruturante a reflexão, da intervenção da produção de valor e de conhecimento.

Os projetos precisam ser sustentados economicamente, mas antes, e principalmente, têm que promover inclusão social e econômica. E também prevalece o pressuposto de que não é com assistencialismos que se vencerá a exclusão e sim com a instrumentalização da pessoa. Para mobilização das pessoas, dois aspectos preciosos para a abordagem:

- Pedagogia da Problematização - alargamento da percepção, identificação de oportunidades e constrangimentos a partir das pessoas, suas visões, suas propostas;
- Modelo de Gestão - transparência e aprendizado das pessoas – compartilhar a tomada de decisão, a responsabilidade nas escolhas, o controle das ações, a avaliação dos processos e dos resultados.

Para cada caso, para cada projeto é mandatório definir e compartilhar com todos o Modelo de Problematização e o Modelo Gestão a adotar.

É necessário identificar e definir as lideranças e seus contornos, as funções, os espaços e as características da realidade que está sendo tratada, sua ontologia, história e cultura, ao mesmo tempo em que se identificam os saberes acadêmicos, os especialistas a envolver.

É, portanto, relevante à identificação dos agentes, tanto da realidade – da comunidade, como da academia, do governo e outros que possam colaborar em alguma dimensão da criação de conhecimento, tanto no campo formal, como no das intervenções, na realidade, na busca permanente de sua evolução. Para cada agente é mandatória a explicitação da característica da atuação, sua função no projeto e o valor que agrega, bem como as relações entre todos e no papel de cada um.

A criação do conhecimento, e o desenvolvimento e uso de tecnologia social, se dá na interação entre atores, se nutre de conhecimentos tácitos, num processo de inovação que promove entre eles uma articulação sinérgica e complementar, apoiada num contexto, capaz de produzir resultados que podem ser esperados ou não (por serendipidade), e que, uma vez "prontos", atendem mas, também, criam demandas a partir de suas novas ofertas.

Metodologia para Cocriação de Conhecimento e de Valor

A identificação dos saberes intervenientes, a combinação das diversas especialidades e a socialização dos conhecimentos são estabelecidas através de um diálogo permanente e de uma forte aderência à realidade. Os conhecimentos só prosperam e são capazes de criar outros conhecimentos quando aplicados numa prática de cocriação, de aprender fazendo na medida em que é testado na aplicação prática das intervenções e que é formalizado pelos agentes da academia. Nos locais é mandatório identificar ativos, conhecimentos, instrumentos, metodologias, constrangimentos e oportunidades que possam ser integrados e usados em sinergia entre si e com conhecimentos disciplinares, científicos, visando ao desenvolvimento de projetos que promovem inclusão social e criem trabalho e renda.

A Figura 4 apresenta a proposta metodológica. Com esta proposta, estamos aderindo ao entendimento de que as distinções sociais e pessoais entre viver, aprender e trabalhar, continuarão diminuindo e que o "local" emergente para a aprendizagem mais significativa será, cada vez mais, o local de trabalho, de atuação e de interesse da cada indivíduo.

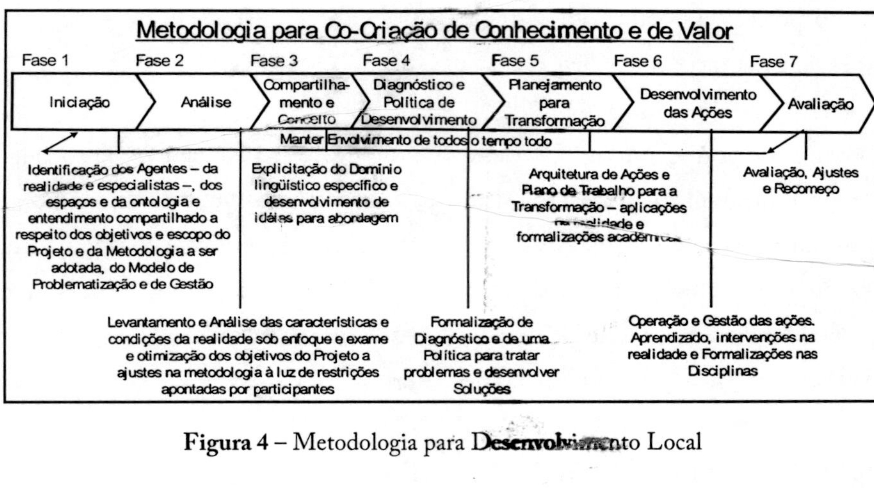

Figura 4 – Metodologia para Desenvolvimento Local

Muito aprendizado será específico de situações e visará a melhorar resultados práticos em cada aplicação de serviço de aprendizagem. O propósito é desenvolver atividades pedagógicas e de produção que contribuam para a construção de espaços coletivos de sustentação teórico-prática, que promovam a formação de uma humanidade ético-solidária e harmônica com o meio natural.

Nesse sentido, o processo proposto visa a instrumentalizar profissionais da educação, lideranças comunitárias e gestores de políticas públicas para práticas sustentáveis, sócio-políticas, voltadas para mobilizar comunidades para criar e utilizar conhecimentos.

As articulações da teoria com a prática estão comprometidas com a socialização dos conhecimentos científicos e não científicos através dos encontros para problematização dos temas selecionados e para discussão de caminhos, de percepção de situações e de tomada de decisão.

Fase 1 - Iniciação - Abertura do Trabalho - as bases do Projeto

Este momento inicial é de caracterização do espaço, da história, das lideranças diversas, das especialidades acadêmicas que devem ser envolvidas, dos atores a serem cogitados, das funções existentes, das técnicas e expedientes que são usados na sobrevivência e na produção.

Os atores sociais devem ser identificados e deve ser pensada uma estratégia para seus envolvimentos e preparação para a participação.
A lista de atores apresentada a seguir deve ser observada como referência devendo a cada caso, ser examinada a pertinência adequada e identificados os atores necessários.

O quadro de atores e papéis lista algumas ações que também devem ser desenvolvidas como referências de iniciativas a serem tomadas e planos de ação a serem propostos e desenvolvidos.

Atores	*Papéis*
Patrocínio Político do Programa	Agente das esferas do Estado ou do Governo que adote o Programa e promova seu Patrocínio Político através de compromisso, como também envolvimento de agentes relevantes do poder que propiciem o andamento do Programa em seus diversos Projetos e no desenvolvimento de suas Ações.
Articulação Política e Empresarial	Articulação da dimensão política do Projeto, captação de espaços para comunicação do Programa e dos Projetos e articulação de patrocínios, financiamentos e participações para agregação de valor ao Programa em geral e aos Projetos em particular, envolvendo empresas que operem direta ou indiretamente no lugar.
Gerente do Programa	Desenvolvimento e manutenção das metodologias para envolvimento dos atores no desenvolvimento dos Projetos. A análise e aprovação de conteúdo e dos programas de trabalho com suas atividades físicas e financeiras, das relações e dos direcionamentos políticos e táticos do Programa e de cada Projeto. Elaboração de relatórios gerenciais e estatísticos que apresentem a performance do Programa.
Coordenadores do Programa	Identificação de Projetos e integração com agentes da dimensão política e governamental, com agentes culturais e de comunicação. Captação de recursos para viabilização dos Projetos e de ideias para desenvolvimento político, social, econômico e cultural das comunidades.
Observatório dos Lugares de Intervenção	Pesquisa e divulgação de Indicadores que representem a situação e a evolução de aspectos da realidade dos lugares – gerais e específicos. (Envolve Especialistas em áreas de baixa renda, Especialistas em Sistemas e Estatísticos).
Lideranças dos Lugares	Agentes reconhecidos pelas pessoas dos Lugares e detentores de conhecimento sobre as características, a história, os constrangimentos, as oportunidades, as necessidades do lugar e capaz de envolver as pessoas, perceber a realidade e contribuir para o design de intervenções eficazes e eficientes.
Especialistas Acadêmicos	Professores e Pesquisadores acadêmicos detentores de conhecimentos capazes de contribuir para a percepção da realidade e do design de intervenções próprias em conjunto com as Lideranças dos Lugares e com os Agentes Sociais. Comprometidos com a formalização de conhecimentos adquiridos nos projetos desenvolvidos.

Agentes Culturais	Pessoal de cultura para identificar características da cultura local e promover seus resgates, sua formalização, sua história e suas práticas na fixação da identidade das pessoas do lugar, assim como suas divulgações.
Órgãos de Estado e de Governo	Órgãos do Estado e do Governo que tenham participação efetiva no desenvolvimento de ações seja como locomotiva de iniciativas, seja como articulador nas diversas esferas da administração pública, seja na identificação e formulação de Políticas Públicas que conspirem para o Desenvolvimento Local.
Patrocinadores e investidores	Agentes diversos que patrocinem o Programa ou que invistam em suas iniciativas buscando sustentabilidade e retornos sociais.
Outros Agentes	Agentes diversos que interajam com os projetos de Desenvolvimento Local e que devam ter seus papéis explicitados.

Deve-se ter em mente que este primeiro momento da Metodologia é extremamente delicado, intenso na dimensão política e no envolvimento de lideranças locais. Paradoxos e contradições emergem e se maltratadas podem condenar a iniciativa. Contradições devem ser tratadas transdisciplinarmente com viés dialógico, onde tese e antítese convivem sem síntese. Deve-se ter presente que atores locais precisam estar comprometidos com os projetos para que se construam socialmente consensos possíveis. O grupo que estiver conduzindo os trabalhos deve elaborar um perfil do local e da comunidade, identificar as questões mais relevantes que serão temas, motivos, elementos do processo de problematização e que alimentarão o Modelo de Gestão Participativa.

Ações globais com ação no local devem ser identificadas assim como as racionalidades exógenas que impõem, com destaque para aquelas que criam constrangimentos para o local. Dinâmicas endógenas também devem ser identificadas, minimamente formalizadas para serem usadas durante a cogitação de propostas e planos de ação.

O relevante nesta fase é a identificação e o envolvimento dos atores a partir do entendimento do lugar, sua cultura, seus valores entendidos de forma extensiva. Portanto, dentre outros, é relevante:

- identificar saberes existentes no Local;
- identificar temporalidades específicas existentes, ciclos próprios do lugar;
- identificar lideranças de saber, políticas, de cultura etc.;
- identificar articulações locais / globais, existentes e potenciais;
- identificar a existência de sistemas alternativos de produção;
- identificar processos de tomada de decisão no local.

O comportamento e a relação dos especialistas da academia deve ser a do intelectual orgânico, se envolvendo com os problemas e na linguagem dos locais.

Fase 2 - Análise – Levantamento da situação, restrições, oportunidades

Nesta segunda fase, os entendimentos construídos de forma abrangente e superficial da etapa anterior serão aprofundados. O conhecimento, a postura, a visão, os projetos, os objetivos de cada liderança devem ser identificados e trabalhados quanto aos conhecimentos existentes, os conhecimentos necessários para complementaridade e sinergias, as possibilidades de desenvolvimento de iniciativas, as possibilidades e constrangimentos para ação conjunta com outros atores do local e, ou, fora dele e, bastante relevante, identificar de forma sustentada as oportunidades de ação.

Deve-se ter em mente que nem todas as ações identificadas poderão ser desenvolvidas por diversos motivos; inviabilidade política, financeira, intelectual, por falta de reconhecimento de sua relevância por parte do grupo de decisão etc., motivo pelo qual cada oportunidade identificada por uma liderança deve ser detalhada de forma consistente para que ela possa enfrentar a fase de decisão.

Devem ser abundantes as reuniões, as oficinas, os seminários para possibilitar a livre, intensa e extensa manifestação de todos. Os especialistas da academia devem estar absorvendo as linguagens e os valores locais para considerá-los e utilizá-los nas análises, nos diagnósticos, nas percepções e na tomada de decisão sobre os caminhos a seguir. Estes encontros se constituirão nas oportunidades de levantamento do domínio linguístico do lugar e do dimensionamento das necessidades de educação e de treinamento para que se dotem os agentes da estatura necessária à participação nos planos de ação.

O diagnóstico deve apresentar aspectos ambientais, situação de ativos e serviços de meio ambiente existente no lugar, aspectos culturais, aspectos técnicos presentes e praticados, as estratégias de produção existentes, suas relações endógenas e suas ligações e dependências exógenas.

O relevante, portanto, nesta etapa é o detalhamento de cada segmento do lugar com a identificação de oportunidades de ação, suas forças e fraquezas ao lado das ameaças que a ação poderá estar sujeita, tudo segundo as condições diversas do lugar.

Fase 3 - Integração dos Posicionamentos das Lideranças

Nesta fase se desenvolve a difícil tarefa de busca e configuração da linguagem de integração. As lideranças políticas, técnicas, econômicas, do lugar e fora dele, mas que têm interação relevante com as iniciativas que estão sendo cogitadas, possuem visões e até mesmo objetivos diversos, fontes de contradições que precisam ser tratadas com postura transdisciplinar, sempre na busca da melhor convivência. É fundamental identificar oportunidades e formalizar alternativas, examinar conhecimentos da academia a envolver, complementaridades a promover, para aproveitar potenciais e criar situações novas através de criação compartilhada de conhecimento socialmente robusto, sobretudo a partir da problematização de questões que emerjam das conversas, oportunidades de produção no local.

Devem ser cuidadosamente cogitadas as lógicas endógenas e as racionalidades exógenas, as iniciativas puramente locais presentes, as iniciativas globais e suas formas de interagir, as verticalidades e as horizontalidades a serem reforçadas ou criadas ou combatidas. Precisam ser explicitadas as necessidades de ações de educação, em todos os níveis, a serem preparadas e ministradas antes e durante o desenvolvimento de cada iniciativa prevista. O objetivo aqui é preparar todos os atores para as trocas e para a convivência.

Assim, um processo educacional precisa anteceder a formalização final dos planos de ação. Este processo educacional precisa se dar em todos os sentidos, ou seja, educar os acadêmicos nas linguagens, nos valores, nas técnicas predominantes no local e educar os locais nos conceitos básicos que serão usados nos processos de transformações pretendidos. O Projeto tem que criar um espaço público para manifestação de cada pessoa, e, neste ambiente plural, todos os atores, sobretudo os atores acadêmicos, precisam compartilhar termos que precisem ser absorvidos e entendidos por todos, para não inibir participações e não excluir ninguém do processo de problematização, nem do processo de tomada de decisão.

É relevante nesta fase, a preocupação com o domínio linguístico que pode ser aplicado. A linguagem acadêmica é sofisticada e, além das barreiras para entendimento de significados, geram barreiras psicológicas, comportamentais principalmente quando ferem aspectos culturais. Em muitos casos, além da adequação sociotécnica que deve envolver a adoção de tecnologias exógenas, levadas ao local pelos atores acadêmicos, é também imprescindível que se cogite a adequação sociocomunicativa. Uma boa alternativa é envolver profissionais de jornalismo e de comunicação para cuidarem desta dimensão do Projeto e das relações entre os diversos atores.

Fase 4 - Diagnóstico e Política de Desenvolvimento

Quando esta fase é alcançada, todas as dimensões do local, da academia e dos demais atores envolvidos nos trabalhos de desenvolvimento local estão identificados. Esta fase formalizará os arranjos, os acordos, as iniciativas pretendidas. Este documento será a base de todo trabalho, fundamento da política a adotar para o Desenvolvimento Local e formalizará os compromissos dos agentes, sobretudo na dimensão política e econômica de sustentação das propostas dos atores diversos.

O documento gerado terá que ser apresentado, discutido e aprovado por todos. Neste documento estarão colocadas as propostas de desenvolvimento, os custos associados e que, no conjunto, habilitarão a busca por recursos diversos: recursos financeiros, alocação do pessoal da Academia, pessoal de empresas, pessoal do local e suas formas e fontes de remuneração etc. Num primeiro momento, nem todas as propostas poderão ser desenvolvidas.

O Documento, resultado desta fase, deve apresentar uma estratégia com alternativas de caminhos e velocidades de desenvolvimento de projetos, explicitando paralelismos, seriação, possibilidades de desdobramentos etc.Uma Política de Desenvolvimento do Local deve ser apresentada de forma detalhada com discussão a respeito dos resultados pretendidos no tempo e critérios e indicadores para avaliação de progresso e de resultado.

Nesta fase deve ser amadurecido o Observatório do Lugar de Intervenção. A conveniência da instalação do Observatório é para eleger, registrar e manter índices de desenvolvimento para avaliação da evolução a partir do Programa; isso implica pesquisa periódica com manutenção de série histórica:

- perfil dos Participantes, integrantes do Lugar;
- atividade Econômica;
- perfil do Comércio;
- pessoas sem ocupação e sem renda;
- pesquisa de opinião – problemas, vantagens do lugar, desvantagens do lugar etc.;
- identificação de Lideranças (saberes) do Lugar, Especialistas da Academia e Agentes da Cultura a envolver;
- identificação de Indicadores disponíveis, fonte e período de atualização (IDH das Comunidades);
- possibilidade de Comparar os Indicadores com outros locais;
- escolha de Indicadores a melhorar.

Fase 5 - Plano para Transformação

Nesta fase serão detalhadas as iniciativas, os projetos para os quais tenham sido obtidos recursos e demais condições para desenvolvimento. Para o conjunto tornado possível serão construídos os Planos de Ação necessários.

- Identificar Projetos e expectativa de melhoria
    1. Nos Indicadores
    2. Nas lideranças – Capacitação como Líder, como empreendedor, como agente social
    3. Nas iniciativas de empreendimento e na criação de Trabalho e Renda
    4. Na Produção Científica

5. Na Manifestação e Produção Cultural
6. Para cada indicador definir característica, semântica, formato, apuração, linguagem de representação

- Quais os Impactos mais relevantes na área nos últimos tempos?
- Quais as tendências mais marcantes?

O Produto desta Fase é um detalhado Programa de Trabalho identificando as tarefas, os responsáveis, os recursos, os prazos.

Fase 6 - Desenvolvimento de Ações

Nesta fase, os Planos de Ação são desenvolvidos. O desenvolvimento das ações deve ser valorizado pela ótica da produção dos resultados planejados mas, sobretudo, deve ser valorizado o processo de desenvolvimento. No processo é que surgem as oportunidades de se conhecer e tratar conflitos e buscar transformações verdadeiras. Os conceitos são fixados e alargados, o domínio linguístico é compartilhado e estendido, os entendimentos surgem, assim como os desentendimentos, mas, na medida em que se vão desenvolvendo os projetos para criação de trabalho e renda, vão se identificando outras oportunidades, correções de rumo e, quanto mais as pessoas participarem das problematizações e dos processos de tomada de decisão mais aprendem a fazer essas coisas e mais intensamente vai sendo construído o cidadão.

Estes espaços de discussão dos projetos vão se transformando efetivamente em ágoras; as questões privadas e singulares são compartilhadas no espaço público e plural, na busca de se tornar comum e ser ali resolvido. O exercício de reivindicação se aprofunda. As lideranças devem valorizar estas discussões e buscar suas permanências na produção e no amadurecimento de outros planos de ação. Certamente fica claro que este processo tem começo, mas não terá fim; a menos que fracasse. Relatórios devem ser produzidos e discutidos como um fluxo permanente de informações a respeito do desenvolvimento e, sobretudo, das dificuldades enfrentadas, qualificando aquelas superadas e superáveis facilmente e aquelas outras que se constituírem em obstáculo ao cumprimento dos compromissos. Os problemas devem ser levantados e resolvidos e questões emergentes devem ser antecipadas num esforço coletivo no sentido do cumprimento dos compromissos assumidos e no alcance dos resultados fixados.

Fase 7 - Avaliação

Avaliação tem vários significados e, sobretudo, pode ter vários objetivos. Avaliação pode ser usada para medir diversas situações e comportamentos tais como aprendizado, qualidade de produtos e de eventos, aceitação de determinada manifestação pelo público, dentre outros. Avaliação pode analisar um contexto, sempre segundo uma referência que é traduzida nos critérios específicos que representam a medida pretendida por quem deseja ou decide sobre a avaliação. Por ser assim, a avaliação está sempre associada a referências explicitadas e é sempre relativa a esta referência, não podendo ser tomada em termos absolutos.

Uma forma bastante construtiva de ver a avaliação é na sua dimensão de instrumento de apoio ao processo decisório. Neste particular a avaliação colabora no sentido do aumento da percepção para preparar as pessoas para a tomada de decisão. Olhando desta forma, podemos entender a avaliação como um processo de aquisição de conhecimento novo, contextualizado, que proporciona mais maturidade para intervenções; boa parte das avaliações pode sustentar este papel. A avaliação revela um resultado que pode surpreender ou não; mas sempre informa sobre um andamento, uma transformação, uma intensidade.

A realidade, em toda sua complexidade, não é perceptível pela mente humana. Cada pessoa, cada sujeito, observa a realidade sobre seus critérios conscientes e inconscientes. As condições para determinada iniciativa ou atuação, os resultados decorrentes das ações, precisam ser cuidadosamente medidos para que se adquiram conhecimentos novos e para que melhore a atuação.

O processo de tomada de decisão diante das incertezas do cenário mundial no mundo contemporâneo demanda instrumentos mais poderosos para perceber a realidade e fazer ilações – identificar características, avaliar tendências, analisar consequências, num processo simbiótico com as decisões, suas motivações e consequências. A avaliação, e, sobretudo, os processos conjuntos de avaliar, de fixar critérios a partir dos quais "olhar" determinada realidade e a própria realidade, avaliadores e avaliados, juntos e em colaboração, sinergia e complementaridade constroem consensualmente valor a respeito de algum contexto ou circunstância.

A avaliação conforme aqui proposta é um processo de aprendizagem que alimenta a percepção e a tomada de decisão retroalimentando a elaboração dos Planos de Ação.

Para avaliação permanente, a solução proposta é a instalação de um Observatório considerado como um instrumento para leitura em ambientes políticos, econômicos e sociais, de natureza transdisciplinar, apoiada em indicadores que, submetidos a tratamento estatístico, revelem características ou situações e permitam, ao longo do tempo e em sucessivas pesquisas de campo, demonstrar evoluções e consequências de ações e iniciativas, diante de resultados pretendidos.

À Guisa de Conclusão

Para Produção de Conhecimento Socialmente Robusto, a cogitação é uma nova Universidade estendida para novas relações com a sociedade. O ambiente acadêmico só reconhece como legítimo o conhecimento cientifico, relegando à desconfiança saberes locais, que sustentam a vida de determinados segmentos da sociedade.

Uma nova Universidade com participação social que promova fertilização cruzada entre o conhecimento acadêmico e o conhecimento tradicional com benefícios para a ciência e para as comunidades; uma Universidade participante solidária na resolução dos problemas da exclusão social. Neste modelo com cumplicidade entre os segmentos da sociedade e a academia ambos tiram proveito das tecnologias da informação e da comunicação para alargar as fronteiras sociais dos beneficiados pelos conhecimentos já disponíveis.

Na nova Universidade, portanto, no lugar dos muros que separam, há pontes que ligam a academia com a sociedade e a universidade está imersa em ambientes plurais, complexos, com crescente diversidade e interdependência. Conhecimento está sempre sendo gerado. A cidadania depende de soluções locais.

Referências Bibliográficas e Obras Consultadas

1. CASANOVA, Pablo González; As novas ciências e as humanidades da academia à política, Editora BoiTempo, São Paulo, 2006.
2. DAGNINO, Renato; Seminário Tecnologia para inclusão social e Políticas Públicas na América Latina, Editado pela FINEP, Rio de Janeiro, 2008,
3. DIVERSOS AUTORES, Tecnologia Social – uma estratégia para o desenvolvimento, Antonio E. Lassance Jr, Claiton José Mello, Eduardo José Siqueira Barbosa, Fabiana Alves Jardim, Flávio Cruvinel Brandão, Henrique Tahan Novaes, Jacqueline Rutkowski, Jacques de Oliveira Pena, Juçara Santiago Pedreira, Ladislau Dowbor, Martina Rillo Otero, Paul Singer,

Renato Dagnino, Sidney Lianza, Silvio Caccio Bava, Sonia Maria Portella Kruppa, Editora Fundação Banco do Brasil, Rio de Janeiro,2004.

4. GIBBONS, Michael. Engagement as a core value in a Mode 2 society. Paper presented at the CHEHEQC/JET-CHESP Conference on Community Engagement in Higher Education, Cape Town, 3-5 September 2006. (Uma versão disponível em: www.irua.edu.au/policy/policy-20050304.doc)
5. MORIN, Edgar. Ciência com Consciência. 2ª ed., Rio de Janeiro: Bertrand Brasil, 1998.
6. NICOLESCU, Bassarab, O manifesto da transdisciplinaridade, TRIOM, São Paulo, 1999.
7. PARÍS, Carlos; O animal cultural, Editora EdUFSCar, São Carlos, 2002.
8. RITTO, Antonio Carlos de Azevedo, CARVALHO, Marinilza Bruno; Consciência, Ciência e Espiritualidade, in: O Estudo da Consciência – a consciência segundo diferentes linhas de pensamento, ISBN: 978-85-399-1036-6. Editora Ciência Moderna, Rio de Janeiro, 2019.
9. RITTO, Antonio Carlos de Azevedo; Compliance e Ética – Uma nova consciência em tempos de trabalho em rede, ISBN: 978-85-399-0930-8 Editora Ciência Moderna, Rio de Janeiro, 2018.
10. RITTO, Antonio Carlos de Azevedo; Inovações Tecnológicas e a Expansão da Consciência, in: Tecnologias Inovadoras e Expansão da Consciência, ISBN: 978-85-399-0930-8 Editora Ciência Moderna, Rio de Janeiro, 2017.
11. RITTO, Antonio Carlos de Azevedo. Metodologia para Produção de Conhecimento Socialmente Robusto, Editora Ciência Moderna, Rio de Janeiro, 2010.
12. RITTO, Antonio Carlos de Azevedo. Organizações Caórdicas – Modelagem de organizações inovadoras, Editora Ciência Moderna, Rio de Janeiro, 2005.
13. SANTOS, Boaventura de Sousa, Para uma sociologia das ausências e uma

sociologia das emergências, Texto integrante do Projeto de Pesquisa "À reinvenção da emancipação social" envolveu África do Sul, Brasil, Colômbia, Índia e Portugal. (www.ces.fe.uc.pt/emancipa), visitado em maio de 2008.

14. SANTOS, Boaventura de Sousa. Para uma sociologia das ausências e uma sociologia das emergências, Texto integrante do Projeto de Pesquisa "À reinvenção da emancipação social" envolveu África do Sul, Brasil, Colômbia, Índia e Portugal. (www.ces.fe.uc.pt/emancipa), visitado em maio de 2008.
15. SANTOS, Milton. Por uma outra Globalização - do pensamento único à consciência universal, 13ª edição, Editora Record, Rio de Janeiro, 2006.
16. TOLEDO, Rodrigo. Políticas Públicas e Gestão Cidadã: Desenvolvimento Sustentável na Formulação de Políticas Públicas e a Gestão Cidadã em Araraquara (2001-2004), Editora Rima, São Carlos, 2012.

Capítulo 2

Plano de Negócios para Empresas Incubadas

Leonardo Vieira Pessanha

Introdução

Este texto tem como objetivo, apresentar de forma didática os módulos que compõem um Plano de Negócios, de modo que esclareça as principais dúvidas de quem deseja empreender, mas não sabe por onde começar a planejar seu empreendimento.

O Plano de Negócios é um documento que descreve os objetivos de um negócio e quais passos devem ser dados para que esses objetivos sejam alcançados, diminuindoos riscos e as incertezas.

O Plano de Negócios permite identificar e restringir os erros do empreendedor no papel, ao invés de cometê-los no mercado.

O Plano irá ajudar o empreendedor a concluir se sua ideia é viável e a buscar informações mais detalhadas sobre o seu ramo de atividade, os produtos e serviços que irá oferecer, seus clientes, concorrentes, fornecedores e, principalmente, sobre os pontos fortes e fracos do negócio.

Elaborar pessoalmente um Plano de Negócios é uma oportunidade de preparar um Plano sob medida, baseado em informações que você mesmo levantou e nas quais pode depositar mais confiança.

Quanto mais o empreendedor conhecer sobre o mercado e sobre o ramo que pretende atuar, mais bem-feito será seu plano.

Informações são a matéria-prima de qualquer Plano de Negócios, portanto, é fundamental pesquisar e conhecer tudo sobre o seu setor. Informações podem ser obtidas em sites, jornais, revistas, associações, cursos, feiras, palestras, ou junto a outros empresários do ramo.

O Plano de Negócios fala por você. Quanto melhor a aparência e quanto mais claras as ideias, melhores serão os resultados.

O Plano de Negócios pode ser usado para se conseguir novos sócios e investidores, para estabelecer parcerias com fornecedores e clientes, ou mesmo apresentado a bancos para a solicitação de financiamentos.

Ele é o instrumento ideal para traçar um retrato fiel do mercado, do produto e das atitudes do empreendedor, o que propicia segurança para quem quer iniciar uma empresa com maiores condições de êxito, ou mesmo ampliar ou promover inovações em seu negócio.

Referencial Teórico

O desenvolvimento deste trabalho baseou-se em dois livros:

1. VALIM, Rosa, Como Elaborar Seu Plano de Negócios, Edição digital, Letra Certa Editora, 2014. Este livro tem por objetivo auxiliar empreendedores a desenvolverem um Plano de Negócios consistente, bem como alunos do curso de graduação em Administração e Marketing a desenvolverem um Plano de Negócios para o trabalho de conclusão de curso.

2. JUNIOR, Isnard Marshall et al, Plano de Negócios Integrado - Guia Prático de Elaboração, 1ª edição, Rio de Janeiro, Editora FGV, 2014. Este livro é ideal para quem deseja iniciar corretamente um novo negócio,apresenta conceitos e dicas de especialistas renomados na área do empreendedorismo no Brasil.

Conceituação

Um Plano de Negócios é um documento que descreve por escrito os objetivos de um negócio e quais passos devem ser dados para que esses objetivos sejam alcançados. Um modelo de Plano de Negócios que você pode usar para o seu empreendimento. Um guia para o empreendedor ou empresário.

Trata-se de um documento onde se descreve um negócio, se analisa a situação do mercado e se estabelecem as ações que se irão realizar no futuro, juntamente com as estratégias correspondentes para as implementar.

É um instrumento que permite comunicar uma ideia de negócio para vender ou obter financiamento. Uma ferramenta de uso interno para o empreendedor, que permite avaliar a viabilidade das suas ideias e fazer um seguimento da aplicação das mesmas na prática. Serve para que o empreendedor conheça o mercado, os produtos ou serviços, seus clientes e para que conheça também suas atitudes.

Através desse instrumento é possível obter informações detalhadas e precisas sobre o seu ramo de atuação, sobre a concorrência, possíveis clientes, produtos e serviços dos concorrentes, sobre os fornecedores, entre outras. Desse modo, o empreendedor pode atestar a viabilidade do negócio.

A elaboração do Plano constitui um dos aspectos mais importantes da gestão empresarial. Servir de guia é uma segurança face aos inconvenientes que possam surgir durante o trabalho cotidiano, uma vez que oferece possíveis soluções e alternativas.

É importante que cada item apresentado nesse documento seja feito de modo detalhado. Assim o empreendedor evita desperdício de recursos e de tempo. Esse detalhamento ajuda também a traçar um panorama inicial das operações.

Metodologia

Existem diversas maneiras de fazer um Plano de Negócios. Quem usa a metodologia de objetivos e resultados-chave, por exemplo, cria também o chamado Mapa Estratégico.

Os objetivos costumam ser as entregas desejadas que você quer alcançar e os resultados-chave são as maneiras de medir se você está no caminho certo para atingir seus objetivos.

Um objetivo ajuda a responder a pergunta "onde eu quero chegar?" e um resultado-chave ajuda a responder "como eu vou saber se estou chegando lá?". A principal meta dos objetivos e resultados-chave é integrar os objetivos da empresa, da equipe e das pessoas em resultados possíveis de serem medidos, fazendo as pessoas se moverem juntas na direção certa. Benefícios do mapa estratégico:

1. Destaca as responsabilidades de cada área para o alcance de objetivos.
2. Comunica objetivos gerais e em comum da empresa a todos.
3. Permite a fácil visualização do papel de cada colaborador na empresa.
4. Mostra como ideias podem se conectar para levar a resultados.

5. Ajuda na execução efetiva da estratégia.
6. Facilita na tomada de decisões para liderança.
7. Pode indicar gargalos e redirecionar operações.
8. Comunicação mais ágil e efetiva entre diferentes departamentos e até entre unidades.
9. Não deixa de ser um indicativo de desempenho, uma vez que mostra se as estratégias estão alinhadas ou não com as tarefas das equipes.
10. Estimula a participação de cada colaborador pelo reconhecimento da sua atividade.

Fases de Um Plano

Sumário Executivo

O sumário executivo é um resumo do Plano de Negócios, contendo seus pontos mais importantes. Dados dos empreendedores, experiência profissional e atribuições; dados do empreendimento; missão da empresa; setores de atividade; forma jurídica, enquadramento tributário; capital social; fonte de recursos. O sumário executivo só deve ser elaborado após a conclusão do Plano de Negócios.

Para relatar as principais características do Plano de Negócios, é importante que o empreendedor mencione o que é o negócio, quais os principais produtos e serviços, quem serão seus principais clientes, onde será localizada a empresa, qual o montante de capital a ser investido, qual será o faturamento mensal da empresa, o lucro esperado, em quanto tempo espera que o capital investido retorne.

- A lucratividade, a rentabilidade, o prazo de retorno do investimento e o ponto de equilíbrio são indicadores de viabilidade;

- Analise se os objetivos dos sócios são os mesmos, tendo em vista o grau de ambição de cada um e a dimensão que desejam para o negócio;
- Divida as tarefas antes de montar a empresa;
- Defina o campo de atuação e os horários de trabalho;
- Defina com antecedência o valor de retirada pró-labore (remuneração dos proprietários), como será feita a distribuição dos lucros e o quanto será reinvestido na empresa;
- Estabeleça o grau de autonomia de cada um e até que ponto um dos envolvidos pode, sozinho, tomar decisões;
- Determine se os familiares poderão ser contratados e quantos por parte de cada sócio;
- Sempre escolha funcionários e parceiros em conjunto;
- Defina o que acontecerá com a sociedade quando um dos sócios falecer ou não puder mais trabalhar;
- Determine um sistema de sucessão;
- Escreva todos os pontos que podem gerar atritos futuros em um contrato assinado pelos sócios.

A missão da empresa é o papel que ela desempenha em sua área de atuação. É a razão pela sua existência hoje e representa o seu ponto de partida, pois identifica e dá rumo ao negócio.

Para definir a missão, devemos responder às seguintes perguntas:

- "Qual é o seu negócio?"
- "Quem é o consumidor?"
- "O que é valor para o consumidor?"
- "O que é importante para os colaboradores, fornecedores, sócios, comunidade, etc.". Defina qual é o negócio da empresa indicando em qual setor a empresa pretende atuar: Agropecuária, Indústria, Comércio ou Prestação de serviços.

A forma jurídica é a maneira pela qual a empresa será tratada pela Lei, assim como o seu relacionamento jurídico com terceiros. As formas jurídicas para as micro e pequenas empresas são: MEI (Microempreendedor Individual), Empresário Individual, SLU (Sociedade Limitada Unipessoal), Sociedade Limitada. O enquadramento tributário está sujeito à aprovação da Receita Federal e considera a atividade e a estimativa de faturamento anual da empresa. O Simples Nacional destina-se às empresas que se beneficiarão da redução e simplificação dos tributos, além do recolhimento de um imposto único. A Lei também prevê benefícios quanto à desburocratização, acesso ao mercado, ao crédito e à justiça, o estímulo à inovação e à exportação.

O capital social é representado por todos os recursos (dinheiro, equipamentos, ferramentas, etc.) colocados para a montagem do negócio.

Caso a escolha seja por uma sociedade, será preciso determinar o valor do capital que cada sócio irá investir e o seu percentual. Para o início das atividades, o empreendedor pode contar com recursos próprios, de terceiros ou com ambos. Recursos próprios envolvem a aplicação de todo o capital necessário para a abertura da empresa, já a utilização de recursos de terceiros compreende a busca de investidores ou de empréstimos junto a instituições financeiras.

Análise de Mercado

Nesta parte do Plano de Negócios analisam-se clientes, concorrentes e fornecedores. Como primeiro passo, o empreendedor identificará as características gerais dos clientes, seus interesses e comportamento, revelando assim o que leva essas pessoas ou empresas a comprarem seus produtos e serviços. Os clientes não compram apenas produtos, mas soluções para algo que precisam ou desejam.

A localização dos clientes determinará qual o nível de abrangência do empreendimento: local, regional, nacional ou internacional.

Um empreendimento é viável quando tem clientes em quantidade e com poder de compra suficientes para realizar vendas que cubram as despesas, gerando lucro. Algumas técnicas para pesquisar clientes são a aplicação de questionários, entrevistas e conversas informais com potenciais consumidores.

Identificando as características gerais dos clientes (se pessoas físicas):

- Qual a faixa etária?
- Na maioria são homens ou mulheres?
- Tem família grande ou pequena?
- Qual é o seu trabalho?
- Quanto ganham?
- Qual é a sua escolaridade?
- Onde moram?
- Em que ramo atuam (se pessoas jurídicas)?
- Que tipo de produtos ou serviços oferecem?
- Quantos colaboradores possuem?
- Há quanto tempo estão no mercado?
- Possuem filial (Onde)?
- Qual a sua capacidade de pagamento?
- Têm uma boa imagem no mercado?

Identificando os interesses e comportamentos dos clientes:

- Que quantidade e com qual frequência compram esse tipo de produto ou serviço?
- Onde costumam comprar?
- Que preço pagam atualmente por esse produto ou serviço similar?

Identificando o que leva essas pessoas a comprar:

- O preço?
- A qualidade dos produtos ou serviços?
- A marca?
- O prazo de entrega?
- O prazo de pagamento?
- O atendimento da empresa?

Identificando onde estão os clientes:

- Qual o tamanho do mercado em que irá atuar?
- É apenas a rua?
- O bairro?
- A cidade?
- O Estado?
- O País ou outros países?
- Os clientes encontrarão a empresa com facilidade?

Após responder essas perguntas será possível entender melhor os clientes. Identificar os principais concorrentes e observar a sua atuação trará lições importantes para o empreendedor, que poderá enumerar seus pontos fortes e fracos em relação à qualidade, preço, localização, condições de pagamento, atendimento, serviços disponibilizados e garantias oferecidas. Concorrentes são aqueles que atuam no mesmo ramo de atividade da empresa e buscam satisfazer a necessidade dos seus clientes.

O empreendedor poderá concluir se o seu negócio poderá competir com as outras empresas que já estão há mais tempo no ramo, qual seria o seu diferencial e o que deve ser corrigido para concorrer em pé de igualdade com essas empresas.

Bons concorrentes servem como parâmetro de comparação e de parceria, além de ser uma fonte de estímulo à melhoria do negócio.

O mercado fornecedor compreende todas as pessoas e empresas que irão fornecer as matérias-primas e equipamentos utilizados para a fabricação ou venda de bens e serviços.

O empreendedor deve pesquisar preço, qualidade, condições de pagamento e o prazo médio de entrega. Essas informações serão úteis para determinar o investimento inicial e as despesas do negócio.

É importante manter um cadastro. Todo fornecedor deve ser capaz de suprir o material ou as mercadorias desejadas, na qualidade exigida, dentro do prazo estipulado e com o preço combinado.

A tomada e a comparação de preços facilitam a coleta de informações sobre aquilo que se deseja adquirir, aumentando as chances de se tomar decisões mais acertadas.

Analise ao menos três empresas para cada artigo necessário. Mesmo escolhendo um entre vários fornecedores, é importante manter contato com todos, ou pelo menos com os principais, pois não é possível prever quando um fornecedor enfrentará dificuldades. Verifique se é exigida quantidade mínima de compra e lembre-se de evitar intermediários sempre que possível.

Plano de Marketing

O Marketing é o setor responsável pela geração e manutenção da demanda por produtos e serviços de um empreendimento. Um bom Plano permite ao empreendedor análise do mercado, adaptação as suas constantes mudanças, identificação de tendências, definição dos resultados a serem alcançados e formulação de ações para atingir a competitividade.

Estratégias de Marketing definem como a empresa atingirá seus objetivos, metas e gerenciará seus relacionamentos com o mercado. Uma estratégia de marketing bem-feita considera produto; preço; promoção; estrutura de comercialização; pessoas; praça ou ponto (localização do negócio).

Na descrição dos produtos e serviços estarão descritos os principais itens que serão fabricados, vendidos ou os serviços que serão prestados.

Informar quais as linhas de produtos, especificando detalhes como tamanho, modelo, cor, sabores, embalagem, apresentação, rótulo, marca, etc. Se necessário, fotografar os produtos e colocar as fotos como documentação de apoio ao final do Plano de Negócios.

Para empresas de serviço, informar quais serviços serão prestados, suas características e as garantias oferecidas. A qualidade do produto é aquela que o consumidor enxerga. Quando decidir melhorar um produto ou serviço, pensar sob o ponto de vista do cliente.

Preço é o que o consumidor está disposto a pagar pelo que a empresa oferece. A determinação do preço deve considerar os custos do produto ou serviço e ainda proporcionar o retorno desejado. Ao avaliar o quanto o consumidor está disposto a pagar, verificar se seu preço está compatível com aquele praticado no mercado pelos concorrentes diretos.

Promoção é toda ação que tem como objetivo apresentar, informar, convencer ou lembrar os clientes de comprar seus produtos ou serviços e não os dos concorrentes. Algumas estratégias são propaganda em rádio, jornal e revista, internet, amostra grátis, mala-direta, folheto e cartão de visita, catálogos, carro de som e faixas, brindes e sorteios, descontos de acordo com o volume comprado e participação em feiras e eventos.

Todas essas formas de divulgação implicam em custos. Deve-se levar em conta o retorno dessa estratégia, seja na imagem do negócio, no aumento do número de clientes ou no acréscimo da receita.

A estrutura de comercialização diz respeito aos canais de distribuição, descrevendo de que forma os produtos e serviços chegarão aos clientes. A empresa pode adotar uma série de canais, como por exemplo, vendedores internos, externos e representantes.

O tamanho dos pedidos, a quantidade de compradores e o comportamento do cliente devem ser avaliados, se a compra geralmente é feita pessoalmente, por telefone ou pela internet.

A comercialização dos produtos e serviços pode ser feita pelos proprietários, por vendedores ou por outras empresas. Uma opção é montar uma boa equipe interna de vendas, que conheça bem os produtos da empresa e as vantagens sobre a concorrência.

Outra alternativa, é a contratação de representantes comerciais. Isso é viável quando se explora uma região extensa e desconhecida. Deve-se observar as questões trabalhistas e elaborar um contrato específico.

A localização do negócio está diretamente relacionada com o ramo de atividades. Um bom ponto comercial é aquele que gera um volume razoável de vendas.

Por isso, se a localização é fundamental para o sucesso do negócio, devem-se levar em consideração os seguintes aspectos:

- contrato de locação;
- condições de pagamento e prazo do aluguel do imóvel;
- condições de segurança da vizinhança;
- facilidade de acesso;
- nível de ruído;
- condições de higiene e limpeza;
- existência de local para estacionamento;
- a proximidade dos clientes e o fluxo de pessoas na região;
- a proximidade de concorrentes;
- a proximidade de fornecedores, pois isso influencia no prazo de entrega e no custo do frete.

Visitar o ponto em horários alternados, para verificar o movimento de pessoas e veículos no local. Não feche o contrato de locação sem antes verificar se no local é permitida a atividade desejada.

Na análise de ambiente, o empreendedor relaciona as forças e fraquezas (fatores internos), oportunidades e ameaças (fatores externos) inerentes ao negócio. No ambiente interno estão os fatores sobre os quais a empresa tem controle, relacionados diretamente com o funcionamento da empresa. Consequentemente, no ambiente externo estão os fatores sobre os quais a empresa não tem controle.

Definição de público-alvo é a identificação de um segmento particular ou segmentos da população que a empresa deseja atender (melhores oportunidades). O mercado consiste em muitos tipos de clientes, produtos e necessidades e os consumidores podem ser agrupados considerando vários fatores.

A segmentação é a classificação dos clientes feita de acordo com esses fatores. E o mercado é a soma de diferentes segmentos. Quanto mais se conhece o mercado e seus clientes, mais fácil será a oferta de produtos e serviços adequados a segmentos distintos.

O cadastro de clientes é uma ferramenta que contribui para a gestão das informações dos clientes e permite ações segmentadas para um mesmo público ou para públicos distintos.

A marca é a identidade da empresa, é a forma como ela será conhecida. Uma marca bem trabalhada contribui para o sucesso de empreendimento.

As pesquisas de mercado, o público-alvo, a definição do posicionamento do negócio e de suas vantagens sobre a concorrência são fatores essenciais para o empreendedor repensar a marca ou criá-la.

Ao criar a marca, é importante que se faça a pesquisa e o registro da mesma no INPI – Instituto Nacional de Propriedade Industrial. Ambos podem ser feitos diretamente no INPI ou por advogados especializados, escritórios habilitados ou por agentes de propriedade industrial.

Caso escolha ter uma identidade na internet, o empreendedor deverá registrar o domínio – endereço eletrônico da empresa – para resguardá-lo.

Plano Operacional

No Plano Operacional, o empreendedor registra os processos operacionais: como a empresa irá funcionar; como serão feitas as várias atividades, descrevendo, etapa por etapa, como será a fabricação dos produtos, a venda de mercadorias, a prestação dos serviços e, até mesmo, as rotinas administrativas.

Para cada projeto devem ser respondidas as questões “como?”, “o quê?”, “para quem?” e “quanto?”

Um bom layout ou arranjo físico, além de definir como será a distribuição dos setores da empresa, dos recursos e das pessoas no espaço disponível, traz uma série de benefícios, como: aumento da produtividade; diminuição do desperdício e do retrabalho; maior facilidade na localização dos produtos pelos clientes; melhor comunicação entre os setores e pessoas. Distribua as áreas da empresa, os equipamentos, móveis e as pessoas de forma racional e sensata.

É importante estimar a capacidade produtiva instalada da empresa, isto é, o quanto pode ser produzido ou quantos clientes podem ser atendidos com a estrutura existente. Com isso, é possível diminuir a ociosidade e o desperdício.

Os processos operacionais descrevem, etapa por etapa, como serão feitas as várias atividades da empresa, como a fabricação dos produtos, a venda de mercadorias, a prestação dos serviços e as rotinas administrativas, identificando que trabalhos serão realizados, quem serão os responsáveis e quais serão os materiais e equipamentos necessários.

Quanto à disponibilidade de pessoal, o empreendedor deve fazer a projeção de pessoal necessário para o funcionamento do negócio, e verificar a disponibilidade de pessoas qualificadas para sua necessidade na região do local do empreendimento. É importante investir no treinamento da equipe.

Plano Financeiro

Por último, mas não menos importante, o planejamento financeiro do negócio é onde o empreendedor registra suas estimativas de investimentos, capital de giro, faturamento, custos, demonstrativo do resultado do exercício (DRE) e indicadores de viabilidade.

O planejamento é vital para saúde financeira da empresa. O total de recursos a ser investido para que a empresa comece a funcionar é formado pelos investimentos fixos, capital de giro e investimentos pré-operacionais.

O investimento fixo corresponde a todos os bens a serem comprados para que o negócio possa funcionar de maneira apropriada.

O capital de giro é o montante de recursos necessários para o funcionamento normal da empresa, compreendendo a compra de matérias-primas ou mercadorias, financiamento das vendas e o pagamento das despesas. O estoque inicial é composto pelos materiais indispensáveis à fabricação de seus produtos ou pelas mercadorias que serão revendidas.

Faça uma pesquisa junto aos fornecedores, negociando bons preços e condições de pagamento, reduzindo despesas, oferecendo preços competitivos e aumentando as receitas e o lucro da empresa.

O empreendedor deve identificar quais materiais ou mercadorias devem ser comprados, as quantidades necessárias, seu preço unitário e o total a ser gasto. Para isso, levará em consideração a sua capacidade de produção, o tamanho do mercado e o potencial de vendas da empresa.

Com um controle apurado do estoque, o empreendedor saberá qual o momento certo para adquirir novos produtos. Para a formação dos estoques, a preferência é dos itens de maior giro, ou seja, aqueles que têm maior saída e aceitação. Estoque parado por muito tempo, na maior parte das vezes, representa prejuízo.

O caixa mínimo é o capital de giro próprio necessário para movimentar o negócio.

Representa o valor em dinheiro que a empresa precisa ter disponível para cobrir os custos até que as contas a receber de clientes entrem no caixa. Corresponde a reserva inicial de caixa.

Para calcular a necessidade líquida de capital de giro é preciso definir os prazos médios de vendas, compras e estocagem. Essas informações podem ser pesquisadas junto a concorrentes e fornecedores e serão utilizadas na apuração do capital de giro, já que nas vendas, financiamos os clientes por meio dos prazos concedidos e somos financiados pelos fornecedores por meio dos prazos para pagamentos negociados.

Contas a receber (cálculo do prazo médio de vendas) é a média do prazo de financiamento a clientes, ou seja, do prazo concedido aos clientes para que estes efetuem o pagamento do que compraram.

Para calcularmos a média ponderada dos prazos de vendas, basta multiplicarmos o percentual das vendas pelo número de dias que serão concedidos aos clientes.

Fornecedores (cálculo do prazo médio de compras), devemos ponderar os prazos multiplicando o percentual do volume de compras pelos prazos médios concedidos pelos fornecedores.

Estoques (cálculo da necessidade média de estoques) é o prazo médio de permanência da matéria-prima ou das mercadorias no estoque da empresa. Abrange desde a data em que é feito o pedido ao fornecedor até o momento em que os produtos são vendidos. Um prazo maior de permanência das mercadorias em estoque irá gerar uma necessidade maior de capital de giro.

O cálculo da necessidade líquida de capital de giro compreende a diferença entre os recursos da empresa que se encontram fora do seu caixa (contas a receber + estoques) e os recursos de terceiros no caixa da empresa (fornecedores). Se positivo, o resultado indica o número de dias em que o caixa ficará descoberto. Se negativo, pode apontar que os recursos financeiros originados pelas vendas entram no caixa antes que sejam efetuados os pagamentos.

Somando o prazo médio e vendas (contas a receber) e o prazo médio de estocagem (estoques) e diminuindo desse resultado o prazo médio de compras (fornecedores)obteremos a necessidade líquida de capital de giro em dias.

O caixa mínimo representa a reserva em dinheiro necessária para que a empresa financie suas operações iniciais. É obtida ao multiplicarmos a necessidade líquida de capital de giro em dias pelo custo total diário da empresa.

O custo total corresponde ao somatório dos custos fixos e variáveis. Essas informações poderão ser obtidas no demonstrativo de resultados que será elaborado ao final do plano financeiro.

Investimentos pré-operacionais compreendem os gastos realizados antes do início das atividades da empresa, ou seja, antes de abrir as portas e começar a vender.

São exemplos de investimentos pré-operacionais despesas com reforma (pintura, instalação elétrica, troca de piso, etc.) e as taxas de registro da empresa.

Uma forma de estimar o quanto a empresa irá faturar por mês é multiplicar a quantidade de produtos a serem oferecidos pelo seu preço de venda.

As previsões de vendas devem ser baseadas na avaliação do potencial do seu mercado e em sua capacidade produtiva. Serão registrados os gastos com impostos e comissões de vendedores ou representantes

Esse tipo de despesa incide diretamente sobre as vendas e, assim como o custo com materiais diretos ou mercadorias vendidas, é classificado como um custo variável.

O custo dos materiais diretos ou das mercadorias vendidas representa o valor que deverá ser baixado dos estoques pela sua venda efetiva. Para calculá-lo, basta multiplicar a quantidade estimada de vendaspelo seu custo de fabricação ou aquisição.

O custo com materiais diretos e mercadorias vendidas é classificado como um custo variável, aumentando ou diminuindo em função do volume de produção ou de vendas.

Deverá ser definido quantas pessoas serão contratadas (se necessário) para realizar as diversas atividades do negócio, pesquisando e determinando quanto cada colaborador receberá.

Sobre o total de salários, o empreendedor deve aplicar o percentual relativo aos encargos sociais, somando-os aos salários, saberá qual o custo total com mão de obra.

As máquinas, equipamentos e ferramentas vão se desgastar ou tornam-se ultrapassados com o passar dos anos, sendo necessária sua reposição.

O reconhecimento da perda do valor dos bens pelo uso é chamado de depreciação. Para calcular a depreciação dos investimentos fixos, é necessário seguir os passos:

- relacionar as máquinas, ferramentas, equipamentos, utensílios, veículos, determinando o tempo médio de vida útil desses bens, dividindo o valor do bem pela sua vida útil em anos para saber o valor anual da depreciação.

Apesar de ser um custo e influenciar na formação do preço, a depreciação não representa um desembolso (saída de dinheiro do caixa da empresa). Entretanto, dependendo da situação financeira e das estratégias do negócio, pode-se fazer uma reserva para a troca do bem ao final de sua vida útil.

A Receita Federal considera para efeito de vida útil os seguintes prazos: imóvel, 25 anos; máquina, 10 anos; equipamento, 5 anos; móveis e utensílios, 10 anos; veículo, 5 anos; computador, 3 anos. Essas informações funcionam como referência, mas não precisam ser seguidas como regra.

Em algumas atividades empresariais, máquinas e equipamentos sofrem desgastes maiores. Isso deve ser considerado no cálculo da depreciação. Máquinas e equipamentos sucateados têm maior custo de manutenção e produtividade mais baixa.

Os custos fixos são todos os gastos que não se alteram em função dovolume de produção ou da quantidade vendida em um determinadoperíodo. Como por exemplo, as despesas com aluguel, energia, salários etc.

Custos fixos podem ser reduzidos adotando-se práticas que contribuam para a redução do desperdício e do retrabalho.

O pró-labore é a remuneração do dono pelo seu trabalho e deve ser considerado mensalmente como custo. Após reunir as informações sobre as estimativas de faturamento e os custos totais (fixos e variáveis), é possível prever o resultado da empresa, verificando se ela possivelmente irá operar com lucro ou prejuízo.

São indicadores de viabilidade o ponto de equilíbrio, a lucratividade, a rentabilidade e o prazo de retorno do investimento.

Conclusão

O Plano de Negócios é um valioso instrumento de planejamento. Um mapa de percurso que deve ser consultado e acompanhado constantemente. Empreender é sempre um risco, mas empreender sem planejamento é um risco que deve ser evitado. O Plano de Negócios, apesar de não ser a garantia de sucesso, auxilia a tomar decisões mais acertadas, assim como a não desviar dos objetivos.

Referências Bibliográficas

SEBRAE, Como Elaborar um Plano de Negócios, Disponível em: https://atendimento.sebraemg.com.br/biblioteca-digital/content/software-plano-de-negocios. Acesso em: 20 nov. 2021.

UDEMY, Como Elaborar um Plano de Negócios na Prática, Disponível em: https://www.udemy.com/course/como-elaborar-um-plano-de-negocios-na-pratica/. Acesso em: 29 nov. 2021.

SAMBATECH, Como Fazer um Plano de Negócios Simples - Passo a Passo, Disponível em: https://sambatech.com/blog/insights/plano-de-negocios/. Acesso em: 01 dez. 2021.

SETTING Consultoria, Etapas de um Plano de Negócios. Disponível em: https://www.setting.com.br/blog/estrategia/etapas-plano-de-negocios. Acesso em: 14 dez. 2021.

Capítulo 3

Estudo de Caso: Gestão da Propriedade Intelectual do eMuseu do Esporte

Bianca Gama Pena

Pós-doutoranda em Propriedade Intelectual e Inovação na Academia de Propriedade Intelectual, Inovação e Desenvolvimento do INPI. Doutora em Ciências do Exercício e do Esporte (UERJ). Mestre em Ciências do Exercício e do Esporte (UERJ). Especialista em Gestão, Administração e Marketing (FAMATH). Graduada em Educação Física (UFRJ). Gestora no eMuseu do Esporte. Gestora de Projetos da Diretoria de Inovação da UERJ. CEO na Gama Assessoria.

Marcelo Nogueira

Mestre e Doutorando em Propriedade Intelectual e Inovação na Academia de Propriedade Intelectual, Inovação e Desenvolvimento do INPI, MBA em Direito Tributário pela Fundação Getúlio Vargas. Advogado pela Pontifícia Universidade Católica do Rio de Janeiro e expertda WorldIntellectualPropertyOrganization. Parecerista e consultor jurídico de IPI Consultoria. Autor de livros e professor convidado de diversas universidades.

Rita Pinheiro Machado

Especialista Sênior em Propriedade Industrial, Academia de Propriedade Intelectual, Inovação e Desenvolvimento, Instituto Nacional da Propriedade Industrial, INPI. Doutora em Química Biológica com ênfase em Gestão, Educação e Difusão de Biociências, Instituto de Bioquímica Médica Leopoldo de Meis, UFRJ.

Patrícia Peralta

Tecnologista em Propriedade Industrial eprofessora permanente da Academia de Propriedade Intelectual, Inovação e Desenvolvimento, Instituto Nacional da Propriedade Industrial (INPI) e professora colaboradora do Mestrado Profissional do Instituto do Patrimônio Histórico e Artístico Nacional (IPHAN). Pós-doutora em Estudos Culturais pela Universidade Federal do Rio de Janeiro(UFRJ), Doutora em Artes Visuais e Mestre em História da Arte pela UFRJ.

Na sociedade do conhecimento, a proteção das criações do espírito humano, sejam essas relacionadas às artes, ciência ou tecnologia, por meio da Propriedade Intelectual (PI), tornou-se crucial e estratégica para o desenvolvimento tecnológico, econômico, social e cultural das nações. Entretanto, desde o final do séc. XX existe um componente que amplia o escopo do mundo da PI, que foi a incorporação em nossas vidas dos conteúdos que nos chegam por meio dos celulares, tablets e outros dispositivos eletrônicos,por meio do ciberespaço. Não há como negar o surgimento do ciberespaço, definido por Lévi (1996) não apenas como a infraestrutura material da comunicação digital, mas, também, como o universo de informações e os seres humanos que o nutrem e o habitam. Monteiro (2007, p. 5) acrescenta que o ciberespaço:

> (...) é o mais novo local de "disponibilização" de informações possibilitado pelas novas tecnologias. ...Trata-se de um espaço que ainda não se conhece completamente, cheio de desafios e incertezas, tanto na sua práxis, quanto em suas formulações filosóficas e teóricas. Um espaço aberto, virtual, fluido, navegável.

Nessa realidade do ciberespaço, adveio um novo ambiente para a alocação de uma nova modalidade de museu, denominada virtual, que vem recebendo, desde a última década do séc. XX, inúmeras denominações, a saber: cibermuseu, web museu, museu on-line, museu eletrônico, hipermuseu e museu digital (SCHWEIBENZ, 2004).

O Estatuto do Conselho Internacional de Museus, adotado pela 22ª Assembleia Geral, ocorrida em Viena, Áustria, em 24 de agosto de 2007, define Museu como:

> ... *a non-profit, permanent institution in the service of society and its development, open to the public, which acquires, conserves, researches, communicates and exhibits the tangible and intangible heritage of humanity and its environment for the purposes of education, study and enjoyment*[1](ICOM, 2021).

O museu virtual se insere no campo do patrimônio digital, conforme consenso internacional expresso pela UNESCO (2003). Portanto, faz parte de um conjunto de compartilhamento de informações diversas, provenientes de diferentes fontes, que certamente necessitam ter seus direitos de propriedade intelectual preservados, tanto os relativos à fonte da informação quanto os relativos aos próprios museus, que podem tratar dos temas mais diversos, incluindo aqueles relacionados aos esportes. Assim, surgiram museus com a temática esportiva e, entre eles, aquele de interesse para a presente discussão, o eMuseu do Esporte. Segundo Pena *et al.* (2021a, p. 49),

> A ideia da criação do eMuseu do Esporte[2] surgiu durante os

---

[1] Definição adotada pela 22ª Assembleia Geral em Viena, Áustria, 24 August 2007, disponível em https://icom.museum/en/resources/standards-guidelines/museum-definition/. Acesso em 25 junho de 2021. Em tradução livre: "...uma instituição sem fins lucrativos, permanente a serviço da sociedade e do seu desenvolvimento, aberta ao público, que adquire, conserva, pesquisa, comunica e expõe o patrimônio material e imaterial da humanidade e do seu meio ambiente para fins de educação, estudo e fruição."

[2] É uma realização da startup Gama Assessoria, em parceria com a Universidade Estadual do Rio de Janeiro. Maiores informações em https://www.emuseudoesporte.com.br/br/quem-somos.

> Jogos Olímpicos Rio-2016, pois foi identificada uma expressiva lacuna quanto à memória do movimento esportivo no Brasil em suas diferentes modalidades. E este foi o ponto de partida, conectar pessoas e histórias, usando a tecnologia para construir um legado permanente para toda a sociedade.

Tendo em vista as funções educacionais e de preservação cultural dos museus, a gestão da PI dos museus virtuais possui características muito peculiares, com desafios que os museus convencionais não têm que enfrentar. Agregando complexidade, o advento da pandemia de Covid-19, ao mesmo tempo em que aumentou a importância e o interesse nos museus virtuais, criou obstáculos à execução dos trabalhos, assim como oportunidades.

Este trabalho apresenta um estudo de caso referente ao projeto eMuseu do Esporte soba ótica de gestão da PI. O objetivo principal é registrar e avaliar a experiência obtida neste projeto, ainda em andamento, como fonte empírica que possa subsidiar a tomada de decisões em experiências semelhantes, assim como adensar o corpo de conhecimento sobre o tema. O ponto de partida foi a avaliação dos ativos de proteção do eMuseu: registro da marca e registro de *software*.

Procedimentos Metodológicos

Para atingir o objetivo proposto por este trabalho, além da pesquisa bibliográfica, escolheu-se utilizar a análise documental para avaliar os ativos protegidos do eMuseu do Esporte, por meio de busca junto às bases de dados disponíveis no sítiodo Instituto Nacional da Propriedade Industrial (INPI), autarquia federal responsável por conceder patentes de invenção e de modelo de utilidade, e promover o registro de marcas, desenhos industriais, programa de computador, indicações geográficas e averbação de contratos e franquias. A pesquisa documental se diferencia de outras por trabalhar com informações disponíveis nos meios eletrônicos e não obtidas diretamente com pessoas, como são os casos de documentos oficiais, relatórios e outros (GIL, 2010).

O conceito de documento ultrapassa a ideia de textos escritos e/ou impressos. Tais documentos são utilizados como fontes de informações, indicações e esclarecimentos que trazem seu conteúdo para elucidar determinadas questões (FIGUEIREDO, 2007).

Diante da necessidade de suporte especializado, o eMuseu firmou parceria com uma empresa de consultoria de propriedade intelectual, a IPI Consultoria, a fim de robustecer a gestão dos seus ativos de PI. A primeira etapa desta parceria se deu em uma reunião[3] preliminar em que se pôde compreender as atividades atuais e as projeções planejadas para o eMuseu. Nesta oportunidade, foi estabelecida uma agenda de reuniões focadasnos ativos de PI de maior interesse para a organização, a saber: marcas, direitos autorais, desenho industrial e contratos de licença, cessão e franquia.

A partir da identificação de potenciais ativos, foram realizadas quatro reuniões abordando os ativos de PI mencionados, com o objetivo de balizar a discussão junto à alta gestão do eMuseu em relação às estratégias de uso dos ativos na gestão da propriedade intelectual. Nessas reuniões temáticas, a consultoria e a gestão do eMuseu puderam alinhar seus conhecimentos e experiências, a fim de que fosse elaborado um plano estratégico visando o uso sustentável dos ativos de PI, de acordo com o grau de desenvolvimento do plano de ação do eMuseu nos próximos anos.

Partindo de análises calcadas em evidências, foram identificadas as necessidades específicas da gestão de PI do eMuseu.

[3] Todas as reuniões foram realizadas por video conferência em razão da pandemia.

1 - Propriedade Intelectual (PI)

Na era do conhecimento, a economia desponta, entre outros fatores, por meio da valorização da propriedade intelectual. Conforme apontado anteriormente, todos os ativos a serem protegidos são decorrentes da capacidade dos indivíduos de inovar desenvolvendo produtos, processos ou serviços, a fim de obter vantagens competitivas. Os benefícios do sistema de PI são, normalmente, proporcionais ao porte das empresas e instituições, o que não significa que os pequenos empreendedores não devam investir na proteção dos seus ativos de PI. Ao contrário, este tipo de proteção possibilita, além de diferenciação no mercado, uma nova frente para novos negócios que incluem parcerias, *franchising* e licenciamentos de direitos de PI.

O sistema de PI tornou-se responsável pelo reconhecimento e concessão de direitos de propriedade sobre os bens derivados do intelecto humano em todas as áreas.

> A normativa de PI foi desenvolvida para regular a titularidade sobre tais direitos e é um sistema jurídico que outorga direitos executáveis à pessoa responsável pela produção intelectual, de modo que o criador ou titular da PI possa exercer certo controle sobre o seu uso futuro (PANTALONY, p. 39, 2017).

A PI se divide em três grandes grupos ou famílias de ativos, a saber:

1. Propriedade Industrial que abrange Marcas, Patentes, Desenhos Industriais, Indicações Geográficas.
2. Direito Autoral que abrange os direitos dos autores de obras de qualquer área e os direitos conexos aos direitos dos autores, como o de intérpretes, por exemplo. Também inclui a proteção aos programas de computador, que são direitos autorais registráveis também no INPI.

3. *Sui generis* que contempla as variedades vegetais (Cultivares), patrimônio genético, conhecimentos tradicionais e topografia de circuitos integrados, este também registrável no INPI.

Neste estudo, serão analisados especificamente os ativos protegidos pelo eMuseu, sendo eles o registro da marca e o registro do *software*, além dos direitos autorais.

Marca

De acordo com a Lei nº 9.279/96, conhecida como Lei da Propriedade Industrial (LPI), são registráveis como marca os sinais distintivos visualmente perceptíveis, que não sejam proibidos por lei. Dividem-se em marca de produto ou serviço, que visa distinguir os concorrentes e informar a origem de um produto ou serviço; marca de certificação, que serve para atestar a conformidade de um produto ou serviço com determinadas normas ou especificações técnicas; e marca coletiva, que identifica produtos ou serviços oriundos de membros de uma determinada coletividade[4] (BRASIL, 1996). Marca, consoante Olavo (2005), é um sinal distintivo do comércio utilizado para diferenciar mercadorias de um empresário ou empreendedor de outros.

As marcas, de acordo com as disposições do INPI, podem ser nominativas, figurativas, mistas ou tridimensionais. A primeira, caracteriza-se pelo uso de palavras. Já a segunda,pela ausência de palavras e dominância de elemento figurativo. A terceira, pode ser constituída pela representação gráfica de palavra ou pela combinação desta com elemento figurativo. A última é a forma tridimensional distintiva em si, sendo comumente composta pela forma do produto ou de sua embalagem. A proteção das marcas é feita por meio do registro no

[4] Para melhor compreensão em relação às marcas coletivas e de certificação, sugere-se o trabalho de Largo Gil (2006).

INPI, tendo em vista o sistema adotado pelo Brasil ser considerado atributivo de direito, ou seja, a proteção à marca só é obtida pelo registro concedido pelo INPI, sendo esta autarquia a que atribui o direito sobre o sinal, após o exame à luz da LPI.

As marcas possuem dois princípios que auxiliam na caracterização do direito concedido: o princípio da territorialidade e o princípio da especialidade. Por meio daquele, estipula-se que a proteção à marca só será reconhecida no país no qual a mesma foi pleiteada. Por outro lado, para o segundo, tem-se a determinação que a proteção ao sinal só se dá para os produtos e serviços que o mesmo visa assinalar, incluindo aqueles que possuam afinidade com os mesmos. De acordo com Ascensão (2001), há na proteção à marca um interesse público, aquele de evitar o engano e o risco de confusão com sinais iguais, semelhantes ou afins que visem a assinalar produtos ou serviços que possuam relações entre si.

Para Ramello (2006), a proteção à marca é garantida pelas legislações, tendo em vista o papel que a mesma assume no combate às assimetrias de informação presentes no mercado. A marca possui, em nossa sociedade dominada por tecnologias da informação e comunicação, um papel de grande relevância, auxiliando nos processos de busca e escolha dos bens desejados pelo consumidor, evitando que seja levado a erro em seus processos de compra.

Retomando o princípio da especialidade, característico da proteção da marca, esta deverá ser requerida para assinalar dados produtos e serviços por meio da utilização de um classificador. No Brasil, adotamos a Classificação Internacional de Produtos e Serviços de Nice. Esta é composta por 34 classes de produtos e 11 de serviços. No ato do depósito do sinal junto ao INPI, o requerente deverá informar os produtos e serviços que serão assinalados por sua marca. Assim, ao fazer a análise do sinal, o corpo técnico do INPI se restringirá à apreciação desse sinal apenas na classe designada pelo titular. Por isso, Barbosa (2003) e Cerqueira (1982) expressam ser a novidade da marca relativa, pois marcas iguais podem existir e serem registradas, desde que sejam destinadas a distinguir produtos e serviços diferentes, que não concorram entre si, de forma a gerar os riscos de confusão ou associação.

A proteção à marca é de dez anos, podendo ser renovada indefinidamente. A extinção desta proteção pode se dar por interesse do titular, caso ele renuncie, ou por interesse de terceiros que identifiquem que o sinal protegido não vem sendo usado no mercado para diferenciar e identificar os produtos e serviços para os quais foi concedido. Assim, pode a marca registrada ser objeto de um processo de caducidade, cabendo ao seu titular comprovar o uso do sinal ou justificar o seu desuso por razões legítimas. Neste diapasão, cabe destacar a observação de Fernandes-Nóvoa (1977), a marca só passa a existir e cumprir a função para a qual foi concedida quando inserida no mercado por seu titular, de forma a promover o elo entre este, o produto e a sua clientela. Dessarte, a marca é um direito de propriedade industrial que só existe plenamente ao cumprir a sua função no mercado, sendo neste inserida.

Direitos Autorais

O campo de proteção dos direitos autorais é bem vasto, incluindo obras literárias, obras musicais, obras artísticas, inclusive digitais, mapas e desenhos técnicos, fotografias, audiovisuais e aplicativos de programas de computador. Esta legislação é aplicável a quase todos os meios de comunicação, dentre os quais publicações, difusões, produções e distribuições de filmes, sendo ainda aplicável aos programas de computador (*software*). Além disso, os direitos autorais protegem o conteúdo da internet e dos *sites*, cujo conteúdo normalmente incorpora a reunião de várias obras, agregando complexidade decorrente das camadas sobrepostas de proteção de direitos autorais. (PANTALONY, p. 45, 2017).

No Brasil, a referência legal sobre a proteção dos direitos autorais é a Lei nº 9.610/98 (BRASIL, 1998a), conhecida como Lei de Direitos Autorais (LDA) e a Lei 9.609/98 (BRASIL, 1998b), conhecida como Lei de Software (LS). Segundo Pantalony(2017), a utilização eficaz do sistema de PI permite aos museus atingir os padrões internacionais de melhores práticas e pode oferecer oportunidades significativas para alavancar sua marca, preservar sua autenticidade, estimular sua singularidade e gerenciar seu conhecimento, visando gerar mais valor agregado ao patrimônio cultural dos museus, assim como um maior retorno econômico e cultural.

Pantalony (2017, p. 31,) afirma ainda:

> Uma vez que a proteção da PI, em particular, a proteção dos direitos autorais, incentiva a promoção do patrimônio cultural, parece razoável que os museus a apoiassem e não a rejeitassem por ser contraproducente para sua missão e função. Portanto, faz parte do patrimônio cultural, da missão e da função dos museus promover e respeitar a propriedade intelectual.

A proteção das criações do espírito pelo direito de autor independe de registro, pois a mesma se dá no ato da criação. Ou seja, diferente das marcas, em que é necessário um registro, nos direitos autorais, a simples criação já confere estes direitos. Todavia, a atual LDA (BRASIL, 1998a) remete ao antigo Código de Direito Autoral, a Lei nº 5.988/73, parcialmente revogada (BRASIL, 1973), que estabelece em seus dispositivos ainda vigentes as instituições designadas para recepcionar depósitos de obras autorais de acordo com a conveniência de seus criadores e o tipo de criação, como são a Fundação da Biblioteca Nacional, a Escola de Música e a Escola de Belas Artes da Universidade Federal do Rio de Janeiro (UFRJ), entre outras.

O autor é a pessoa física e todas as relações que este travar com a sociedade nesta condição deverão ser mediadas por contratos. Destarte, em seus aspectos patrimoniais, a obra autoral pode ser cedida ou licenciada por seu criador. Entende-se que o direito autoral reúne aspectos morais e patrimoniais. De acordo com os primeiros, o autor tem alguns direitos inalienáveis e irrenunciáveis, como o direito de paternidade, de acesso a exemplar único e de tirar a obra de circulação. Os aspectos patrimoniais dizem respeito aos direitos alienáveis que o autor possui, podendo, conforme acima informado, negociar sua criação por meio de contratos de cessão e licenciamento.

A proteção do direito de autor, segundo Ascensão (2001), é uma das mais longas que existe, alcançando realidades técnicas que não necessariamente terão vida tão longa. Por toda vida do autor, mais 70 anos após a sua morte, gozarão autores e seus herdeiros da proteção.

Otero Lastres (2009) aponta diferenças significativas entre o direito autoral e a propriedade industrial. Para ele, por não ser um direito registral, o direito autoral não garante a publicidade do bem que está protegido. Conforme vimos no caso da marca, para obter a proteção desta, o seu requerente deverá ir ao INPI. Este, antes de analisar a marca, irá publicar o sinal de forma a aferir se terceiros podem se sentir prejudicados pela concessão do sinal. Esse ato de publicidade torna mais transparente a constituição do direito, o que, segundo ele, não ocorre no caso das obras protegidas pelo direito autoral, tendo em vista a desnecessidade de registro.

As contendas ocorridas em relação a direitos autorais acabam por contar apenas com a instância judicial, tendo em vista não se ter um ente administrativo para tentar solucionar as mesmas. Isso acaba por encarecer o processo de gestão e exercício desses direitos.

Programa de Computador

O programa de computador é equiparado às obras literárias para fins de proteção do direito autoral. Esta equiparação se encontra tipificada em lei por meio do artigo 2º da LS que determina: "O regime de proteção à propriedade intelectual de programa de computador é o conferido às obras literárias pela legislação de direitos autorais e conexos vigentes no País, observado o disposto nesta Lei". A LS é específica para dar conta da proteção do programa de computador, devendo a LDA suprir eventuais lacunas. Segundo a LS, o programa de computador pode ser compreendido como:

> (...) a expressão de um conjunto organizado de instruções em linguagem natural ou codificada, contida em suporte físico de qualquer natureza, de emprego em máquinas automáticas de tratamento da informação, dispositivos, instrumentos ou equipamentos periféricos, baseados em técnica digital ou análoga, para fazê-los funcionar de modo e para fins determinados, (BRASIL, 1998b).

A LS, diferente da LDA, estipula prazo próprio para a duração dos direitos conferidos sobre os programas de computador. A proteção se dá por 50 anos contados a partir da publicação do programa e não toda vida do autor e mais 70 anos após a sua morte. Apesar de ser um prazo menor, é pertinente a crítica de Ascensão (2001), já comentada, no sentido de ser uma proteção extremamente dilatada para realidades técnicas que têm um período de vida extremamente efêmero.

A inserção do programa de computador dentro do escopo do direito autoral se deve a pressões internacionais que buscavam garantir a apropriabilidade de um bem intangível de grande valor de mercado. Ascensão (1997) relata como tal pressão ocorreu, sendo a mesma capitaneada pelos Estados Unidos da América. Para o citado autor, a proteção por direitos autorais apresentava atrativos que foram decisivos para a busca pela inserção do programa de computador como um direito autoral, quais sejam: a proteção mais extensa temporalmente; a proteção automática (independente, portanto, de registro); a possibilidade de exigir o tratamento nacional estipulado na Convenção de Berna para a proteção das obras artísticas e literárias, Convenção esta assinada por diversos países; e a garantia de proteção pelas leis nacionais de direito de autor, independente da existência de uma lei específica para abrigar os programas de computador (ASCENSÃO, 1997, p. 668). Mas o autor é enfático em argumentar que os programas de computador são instruções direcionadas às máquinas e não aos seres humanos (ASCENSÃO, 1997, p. 665).

Cabem ainda os apontamentos de Santos (2008), quando este autor aponta diferenças entre a conceituação de programa de computador e *software*. Segundo o autor:

> Tecnicamente, tem sido estabelecida uma distinção conceitual entre os dois termos, designando-se por programas de computador, propriamente dito o conjunto de instruções dirigidas ao computador, e por "*software*", o conjunto formado não só pelo programa de computador, mas também pela metodologia de operação, pela documentação completa e, eventualmente, por outros elementos relacionados com o programa de computador. (SANTOS, 2008, p. 3).

Como o próprio autor assevera, a temática da proteção do programa de computador permanece relevante diante da atual sociedade na qual impera a informação (SANTOS, 2008). Diante das possibilidades de acervos virtuais, no qual aplicativos e *softwares* podem desempenhar relevante papel, há que se ter a real compreensão de como se dá a proteção dos mesmos, de forma a potencializar sua exploração econômica.

Desenho Industrial

De acordo com a LPI, o desenho industrial corresponde à "forma plástica ornamental de um objeto ou o conjunto ornamental de linhas e cores que possa ser aplicado a um produto, proporcionando resultado visual novo e original na sua configuração externa e que possa servir de tipo de fabricação industrial" (BRASIL, 1996).

Para Lence e Reija (2004), as diversas definições de desenho industrial, tanto legais como doutrinárias, convergem no sentido de uma conjunção de fatores técnicos e estéticos que conferem individualidade quando aplicados a um produto. Otero Lastres (1997) pontua que inexiste uma definição universalmente aceita de desenho industrial, mas, é possível captar uma tendência de se afastar da noção de decoração ou ornamento aplicado a um produto, aproximando-se de uma fusão entre função e valor estético, da maneira mais íntima possível. Como esclarece o Manual de Desenhos Industriais do INPI, é possível a utilização desta modalidade de proteção sobre mascotes e personagens:

> A representação gráfica de mascotes e personagens pode ser registrada como padrão ornamental. A proteção, nesse caso, não incidirá sobre os mascotes e personagens em si (os quais pertencem à esfera dos direitos autorais), mas, sobre a representação gráfica nos desenhos ou fotografias (INPI, 2019).

Caso a criação de mascote ou personagem seja de terceiros ou incorpore elementos conhecidos, deve ser obtida a autorização de uso do detentor dos direitos autorais sobre o mesmo.

2 - O eMuseu do Esporte

A opção de se examinar o eMuseu do Esporte é pertinente por ser um projeto nascido em um período marcado pela pandemia do Coronavírus, com *lockdowns* pelo mundo, onde as plataformas *online* de consumo na área da cultura tiveram um protagonismo para consumo de conteúdo e entretenimento (PENA et al., 2020b). Em um momento em que a circulação foi impedida e as visitas aos museus e aos locais de lazer foram proibidas na tentativa de controle da pandemia, o eMuseu, bem como as plataformas digitais de modo geral, passaram a ser as alternativas viáveis para o desenvolvimento e a manutenção da cultura.

O impacto do consumo digital no eMuseu é mostrado por Pena *et al.* (2021b) com alcance de quatro milhões de pessoas nas redes sociais, quase 300 mil acessos ao portal e mais de 900 mil reais em retorno de mídia.

O eMuseu foi criado pela *startup* Gama Assessoria, com o apoio da Incubadora Tecnológica de Empreendimentos Sociais e Cooperativas Sociais da Universidade do Estado do Rio de Janeiro (UERJ). Possui o objetivo de prover entretenimento, cultura e educação, por meio da tecnologia e da inovação, de forma a engajar toda a população a colaborar ativamente para criação da memória nacional por meio da criação de museus virtuais, galerias e exposições virtuais, com alcance nacional, propiciando o espírito de pertencimento de todo o país. Possui conteúdo para diferentes públicos, abrangendo pessoas em todas as faixas etárias, de maneira inclusiva e sem distinção de qualquer natureza.

A UERJ prestou assistência para proteção de parte dos bens intelectuais do eMuseu. Esta assistência incluiu a elaboração de documentos (termo de sigilo, termo de autoria, cessão de direito de uso de imagem, convênio de parceria com os parceiros/colecionadores), bem como a proteção dos ativos (marca e *software*) junto ao INPI.

Em relação à tradição museológica[5], o eMuseu do Esporte se tornou uma organização híbrida desde que se desdobrou numa editora, incluindo em seus propósitos a produção e a disseminação de conhecimentos por meio de publicações ligadas ao mundo dos esportes. Nestas circunstâncias, o eMuseu do Esporte articulou a produção de suas exposições digitalizadas amparadas por estudos e pesquisas dos próprios expositores e de autores convidados, totalizando um conjunto de quatro obras publicadas em 2020 (PENA *et al.*, 2020a).

Todo o conteúdo do eMuseu é proveniente da parceria com entidades esportivas que disponibilizam seu maior patrimônio, ou seja, seus acervos de fotos, vídeos, troféus, medalhas, dentre outros, para serem disponibilizados no eMuseu do Esporte.

Atualmente, existem três maneiras de participação na geração de conteúdo do eMuseu do Esporte, sendo todas elas gratuitas.

A primeira forma de participação se dá por meio da criação de coleção no portal do eMuseu. Qualquer pessoa pode contar sua história e compartilhar seus

---

[5] Studart (2019), "*Na noção de tradição encontramos aquelas funções básicas dos museus, voltadas para a conservação de coleções, a documentação, a pesquisa histórica e específica, a comunicação, a educação, visando servir à sociedade e ao seu desenvolvimento. Mas, o conceito de museu se ampliou consideravelmente no século XX e colocou foco, principalmente, na sua função social. Do "museu tradicional" (edifício + coleção + público) ao "museu comunitário" / "ecomuseu" (território + patrimônio + comunidade), os museus continuam se transformando em diversas direções e dialogando com a tradição.*" Disponível via https://www.revistamuseu.com.br/site/br/artigos/18-de-maio/18-maio-2019/6485-as-diversas-facetas-dos-museus-entre-tradicao-e-funcao-social.html. Acesso 25 junho 2021.

Portal do eMuseu do Esporte. Disponível via https://www.emuseudoesporte.com.br/br/home
Exposições do eMuseu do Esporte. Disponível via https://www.emuseudoesporte.com.br/br/exposicoes/temporarias.

acervos pessoais, desde que autorizem a sua divulgação. Dentre os parceiros, destaca-se a população, com grande engajamento de envio de acervos pessoais. A segunda oportunidade de engajamento é através de exposições feitas pelo eMuseu. No ano de 2020, foram realizadas nove exposições, envolvendo 101 parceiros de conteúdo, dentre eles, entidades esportivas, comitês esportivos, organizações não governamentais e a sociedade civil.

Já a terceira forma de participação pode ocorrer por meio de um convite do eMuseu para algumas entidades esportivas com o objetivo de criação de suas respectivas galerias virtuais. Estas galerias são ambientes exclusivos e personalizados, disponíveis para que cada colecionador tenha a oportunidade decriar sua narrativa. O eMuseu do Esporte possui nove galerias virtuais já criadas, sendo os colecionadores: Comitê Olímpico do Brasil, Comitê Paralímpico Brasileiro, Confederação Brasileira de Basketball, Confederação Brasileira de Tênis de Mesa, Confederação Brasileira de Canoagem, Desporto Militar - Exército e Marinha do Brasil, Museu Internacional do Esporte, Comitê Brasileiro Master e Enel Distribuição de Energia. Para o próximo ano, o eMuseu já possui uma relação de mais nove galerias a serem lançadas.

A plataforma possui versão em língua inglesa e acessibilidade para deficientes visuais e auditivos, garantindo assim amplo acesso ao seu conteúdo.

Dessa forma, após as experiências práticas vivenciadas com o eMuseu do Esporte em 2020, por meio de diversas relações jurídicas, tornou-se evidente a importância do aprofundamento da proteção da propriedade intelectual.

Resultados

Os ativos de PI já existentes do eMuseu do Esporte são duas marca se um *software,* devidamente registrados no INPI.

Marcas Registradas Pelo eMuseu do Esporte

Foram realizados dois pedidos de registro de marca, uma marca figurativa e outra mista. A primeira configura-se com o "e" separado, conforme marca e registro apresentados na Figura 1, sendo uma marca figurativa.

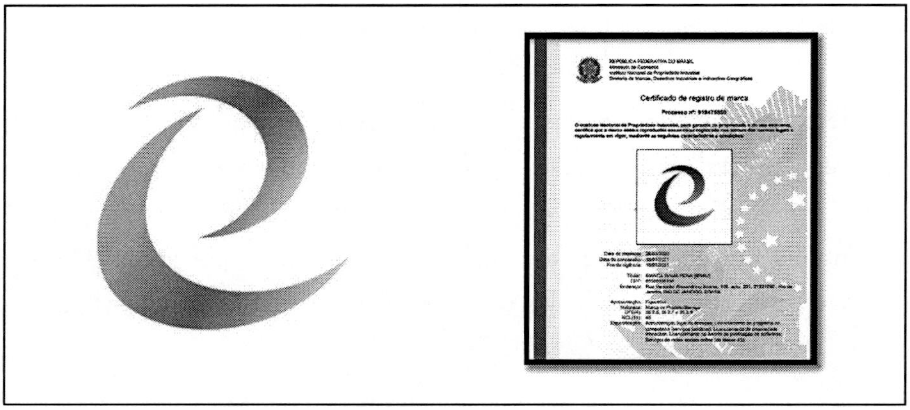

Figura 1: Marca figurativa do eMuseu do Esporte e seu certificado de registro. Fonte: Marca conforme registrada no INPI.

A segunda marca é o "eME - eMuseu do Esporte"(Figura 2) requerida como marca mista ou composta.

Figura 2: Marca Mista do eMuseu do Esporte e seu registro. Fonte: Marca conforme registrada no INPI.

Cada marca pode ser registrada em diversas classes de Nice de acordo com a classificação do serviço a ser prestado ou natureza do produto.

Quanto à marca figurativa do eMuseu (Figura 1), seis classes foram requeridas para os registros de marcas pleiteados:

1. 919475850, para a marca figurativa, na classe internacional NCL 45.
2. 919475876, para a marca figurativa, na classe internacional NCL 28.
3. 919475930, para a marca figurativa, na classe internacional NCL 25.
4. 919475949, para a marca figurativa, na classe internacional NCL 16.
5. 919475965, para a marca figurativa, na classe internacional NCL 14.
6. 919475981, para a marca figurativa, na classe internacional NCL 09.

No caso da primeira marca, requerida para a classe de serviços NCL 45, a mesma visa assinalar serviços de administração legal de licenças; licenciamento de programas de computador; serviços de licenciamento de programa de computador; serviços de redes sociais online; e licenciamento no âmbito da publicação de software. A marca requerida para assinalar produtos da NCL 28, identificará brinquedos, jogos, videogames entre outros. Por seu turno, a marca requerida na classe de produtos NCL 25 diferenciará vestuário e calçados.

A marca requerida na classe NCL 16 abrange os mais diversos materiais de papelaria e escritório, enquanto a marca pleiteada na NCL 14 visa a identificar, entre outros, bijuterias, joias e relógios. Por fim, a marca requerida na classe de produtos NCL 09, tem por fito identificar diversos aparelhos eletrônicos entre outros objetos incluídos nessa classe.

Quanto à marca mista (Figura 2), 8 classes foram registradas:

1. 919479111, para a marca mista **eME eMuseu do Esporte,** na classe internacional NCL 45, visando assinalar os mesmos serviços já comentados.
2. 919479162, para a marca mista **eME eMuseu do Esporte,** na classe internacional NCL 42, para identificar os mais diversos serviços, entre os mesmos desenvovimento e instalação de softwares.
3. 919479227, para a marca mista **eME eMuseu do Esporte,** na classe internacional NCL 41, para identificar serviços de entretenimento e ensino
4. 919479278, para a marca mista **eME eMuseu do Esporte,** na classe internacional NCL 35, para identificar e diferenciar uma pletora de serviços e entre os mesmos, serviços de publicidade e propaganda.
5. 919479324, para a marca mista **eME eMuseu do Esporte,** na classe internacional NCL 25, diferenciando produtos de vestuário e calçados.
6. 919479359, para a marca mista **eME eMuseu do Esporte,** na classe internacional NCL 16, para identificar os mesmos serviços já descritos.
7. 919479430, para a marca mista **eME eMuseu do Esporte,** na classe internacional NCL 14, com o fito de diferenciar joias, bijuterias e relógios entre outros.
8. 919479456, para a marca mista **eME eMuseu do Esporte,** na classe internacional NCL 09, também, destinada a identificar os mesmos produtos já comentados para o registro da marca figurativa.

Quanto ao direito autoral, foi registrado o Software criado para a plataforma do eMuseu do Esporte, conforme o certificado de registro de programa de computador apresentado na Figura 3.

REPÚBLICA FEDERATIVA DO BRASIL
MINISTÉRIO DA ECONOMIA
INSTITUTO NACIONAL DA PROPRIEDADE INDUSTRIAL
DIRETORIA DE PATENTES, PROGRAMAS DE COMPUTADOR E TOPOGRAFIAS DE CIRCUITOS INTEGRADOS

Certificado de Registro de Programa de Computador

Processo Nº: BR512019000086-2

Figura 3: Registro do Software. Fonte: Programa de computador, conforme registrado no INPI.

Todos os registros aconteceram antes do lançamento oficial da plataforma, o que indica a preocupação com a boa gestão dos direitos de propriedade intelectual.

As reuniões realizadas apontaram como etapa inicial a auditoria e o inventário de PI. Conforme explica Zorich (2003), a auditoria de PI analisa as proteções já existentes e possibilita analisar a conveniência e a necessidade da sua manutenção, auxiliando ainda na verificação do cumprimento da legislação para evitar o cometimento de infrações e suas indesejáveis consequências. Mas a auditoria de PI não se restringe ao passado, devendo não apenas analisar as obras que se encontram no acervo do eMuseu e seus respectivos direitos de PI, próprios ou de terceiros, como também possibilitar uma comparação entre o inventário de PI e o inventário geral do museu. Nesta fase, também importa verificar como a gestão de PI pode ser integrada ao sistema de gestão do acervo. O inventário deve distinguir os direitos de PI relativos ao acervo e os direitos de PI próprios da administração do eMuseu, tais como marcas, concessões de licença de uso para gravação de filmes e documentários, por exemplo, inovações tecnológicas produzidas pelo eMuseu, seus métodos comerciais e a concessão de licenças para exploração de suas publicações e para que possa ser feita a distribuição coletiva de seus conteúdos.

Ainda que, na prática, a auditoria seja muitas vezes iniciada pelo surgimento de novos projetos e parcerias, ou, na pior das hipóteses, por uma acusação de infração de direitos de PI, a gestão do eMuseu entendeu que as melhores práticas recomendavam se antecipar aos riscos, incluindo uma fase de inventário e auditoria em seu planejamento antes que surgisse uma demanda externa.

Pelos mesmos motivos, as reuniões de consultoria indicaram a necessidade de formulação de uma política de propriedade intelectual para o eMuseu. Esta política deve não apenas prevenir riscos, mas, também, se mostrar como instrumento facilitador da captação de oportunidades de negócio, balizando a tomada de decisões frente às oportunidades a partir de critérios objetivos que permitam classificar se uma proposta se situa dentro ou fora da missão da instituição e, assim, justificar o empenho necessário ao aproveitamento da oportunidade de negócio.

A política de PI do eMuseu, conforme estabelecido nas reuniões, deve contemplar todos os aspectos relacionados à produção e distribuição de exposições virtuais, contribuindo para o regramento do uso de seu *site* e do respectivo conteúdo. Este instrumento também deve assegurar uma uniformidade das decisões da instituição, conferindo consistência e coerência à gestão de PI e evitando que setores da instituição entrem em contradição. Contudo, a formulação de política de PI é tão necessária quanto desafiadora, não só por exigir compromissos de longo prazo e apoio da gestão e das equipes, mas, principalmente, por exigir o engajamento das pessoas certas, o espelhamento com os resultados da auditoria e do inventário de PI, a harmonização com as práticas comerciais e a missão do eMuseu e, ainda, a adequação em relação a normas éticas e valores esportivos e culturais da instituição.

Como desafio final de uma política de PI, foi constatado que todo o esforço terá sido em vão sem que se consiga adesão, instrução e aplicação da política, o que requer estratégia de comunicação interna, no primeiro momento, e, posteriormente, de comunicação externa, a fim de que o público e os parceiros externos tornem a política efetivamente funcional.

Apesar de todos esses aspectos, a parceria concluiu que a política de PI do eMuseu precisará de revisão constante, em intervalos regulares, anuais ou bianuais, ao menos, a fim de que possa se adaptar à realidade da instituição, afastando o que não deu certo e incorporando as mudanças nas áreas jurídicas, comerciais, administrativas e tecnológicas que ocorrerem no período.

Diante do interesse e da necessidade de associações e federações esportivas a respeito do estabelecimento de modelos de negócio para museus virtuais com propostas semelhantes, foi detectada a possibilidade de exploração de *franchising*, corroborando a importância estratégica da proteção dos ativos de PI, especialmente em relação às marcas e aos contratos de licença, cessão e franquia.

Figura 4: Guia dos visitantes do eMuseu do Esporte. Fonte: eMuseu do Esporte.

O responsável por guiar os visitantes do eMuseu (Figura 4) foi identificado como um ativo de propriedade intelectual cuja proteção se dá pelos direitos autorais, mas, no caso da produção de itens colecionáveis, também é recomendável a inserção da proteção por desenho industrial. Também interessa a proteção do nome e da figura deste personagem/mascote como marca, a fim de evitar o aproveitamento parasitário por terceiros e garantir uma camada de proteção permanente sobre este aspecto estratégico da relação com o público em geral.

Ainda em relação ao Guia, foi constatada a importância de gerir as licenças de uso de marca das empresas e instituições que o personagem/mascote ostenta em seu corpo, devendo-se obter a autorização de uso quando pertencerem a terceiros, tais como a Enel e o Governo do Estado do Rio de Janeiro. Além disso, é necessária a obtenção da autorização para uso das marcas do Comitê Olímpico do Brasil, do Comitê Paraolímpico, das federações e confederações esportivas, secretarias de Esporte, enfim, todas as marcas que são exibidas na plataforma do eMuseu do Esporte.

Tendo em vista que a gestão do eMuseu pretende nomear o Guia a partir da escolha do público, é importante informar que a colaboração não importará na obtenção dos direitos de propriedade intelectual por terceiros, sendo de propriedade intelectual exclusiva do eMuseu.

Também foi identificada a necessidade de soluções para a gestão dos direitos digitais, especialmente nas atividades em que a plataforma atua intermediando a relação na comunidade digital formada entre associações, colecionadores, atletas e fãs do esporte.

Dada a natureza do eMuseu, foi identificado que suas estratégias de licenciamento se revestem de maior complexidade. Em razão disso, foi identificada a necessidade de criação de um modelo ou plano próprio para licenciamentos digitais que se diferencia da política de PI por ir além, ao estabelecer a forma de concessão de direitos sobre o uso dos ativos digitais por terceiros, a fim de possibilitar a geração de ganhos econômicos para o eMuseu. A estratégia de licenciamento tende a contribuir na tomada de decisão sobre a viabilidade de novas oportunidades e fornece uma visão ampla acerca dos compromissos financeiros e de PI, evitando que a administração assuma obrigações sobre fundos ou direitos de PI, já comprometidos anteriormente com outros parceiros. As reuniões de consultoria apontaram a necessidade de soluções para a gestão de direitos digitais (GDD), ou seja, a escolha de ferramentas digitais que permitam gerir, rastrear e controlar o acesso ao conteúdo no ambiente digital. Desde tecnologias marcadoras da propriedade do conteúdo, sendo a marca d´água o exemplo mais conhecido deste tipo, até as tecnologias que efetivamente impedem o acesso a usuários não autorizados. A GDD se mostrou um tema estratégico na gestão de PI do eMuseu.

Em razão disso, foram incluídas no planejamento da instituição atividades de mapeamento tecnológico de GDD, a fim de buscar subsídios para a criação de critérios de escolha para a estratégia e as ferramentas necessárias para a GDD do eMuseu.

Por fim, ficou evidenciada a necessidade de gestão permanente do portfólio de PI do eMuseu, não apenas para efeito de sustentabilidade, mas, para garantir que os ativos estratégicos para a instituição estejam em segurança, a fim de que possam se prestar às suas funções de apropriabilidade, proteção, redução de custos de transação e captação de oportunidades de negócios baseados em sua exploração. Para tanto, a hierarquização e o balanceamento do portfóliosão práticas necessárias, havendo uma diversidade de técnicas e metodologias que podem ser empregadas, de acordo com a necessidade e a compreensão do gestor responsável.

Considerações Finais

A natureza inovadora do eMuseu requer sofisticação na gestão de PI, sendo possível identificar algumas conclusões a partir deste estudo de caso, que podem ser condensadas nas seguintes recomendações para iniciativas desta natureza.

O inventário e a auditoria de PI são um ponto de partida adequado, devendo-se integrar seus resultados no sistema de gestão das coleções. Importa, nesta etapa, distinguir os bens inerentes ao museu dos interesses de PI relacionados à coleção. Deve-se antecipar aos impulsos externos (novos negócios ou acusações de infração) e alinhar os compromissos já assumidos com o planejamento estratégico de novos negócios, impactando a operação atual apenas no limite do absolutamente necessário.

A política de PI precisa de tempo e recursos para todas as suas fases, garantindo-se as condições necessárias para que ocorra o engajamento, tanto da alta gestão quanto das equipes envolvidas. Ainda que as questões jurídicas sejam estratégicas, a técnica jurídica deve ser deixada para a etapa final deste processo, quando a política já estiver elaborada, a fim de que os advogados possam identificar os riscos relacionados a sua implantação e a sua prática. Esta política necessariamente deve dialogar com o inventário e com a auditoria, sob pena de eventual conflito, prejudicar a operacionalidade da PI da instituição.

A estratégia de licenciamento deve conter esquemas, roteiros, *checklists*, metas claras, objetivos e fluxos de receita. Deve prever métodos para resolução de litígios e conter cláusulas solucionando antecipadamente os percalços que possam ser previstos pelas partes.

A gestão dos direitos digitais precisa ser acompanhada de perto, adotando-se soluções customizadas às necessidades específicas da instituição, de acordo com os resultados do inventário e da auditoria, assim como em harmonia com a política de PI e as estratégias de licenciamento.

Por fim, a hierarquização e o balanceamento do portfólio de PI se inserem entre as boas práticas para a gestão de PI, sendo conveniente a adoção de metodologias que atendam aos objetivos traçados pela gestão. Além disso, é necessário revisar sistematicamente suas diretrizes, a fim de promover seu alinhamento com as mudanças internas e externas que ocorrerem no período.

Referências Bibliográficas

ASCENSÃO, J. O. (1997). *Direito autoral.* Rio de Janeiro: Renovar.

________. (2001). Direito Intelectual, Exclusivo e Liberdade. *Revista da Ordem dos Advogados*, vol. III, ano 61. Lisboa. Ordem dos Advogados de Portugal.

BARBOSA, D.B. (2003). *Uma introdução à propriedade intelectual*. Rio de Janeiro: Lumen Juris.

BRASIL (1998). *Lei Federal 9.609, de 18 de fevereiro de 1998 (lei de software)*. Dispõe sobre a proteção da propriedade intelectual de programa de computador, sua comercialização no País, e dá outras providências.

BRASIL. Lei nº 9.610, de 19 de fevereiro de 1998. Altera, atualiza e consolida a legislação sobre direitos autorais e dá outras providências.

BRASIL (1996). *Lei Federal 9.279, de 14 de maio de 1996*. Dispõe sobre direitos e obrigações relativos à propriedade industrial.

BRASIL (1973). *Lei Federal nº 5.988, de 14 de dezembro de 1973*. Regula os direitos autorais e dá outras providências. Revogada pela Lei nº 9.610, de 1998, excetuando-se o art. 17 e seus §§ 1º e 2º.

CERQUEIRA, J. da G. (1982). *Tratado da propriedade industrial*. v. 1. São Paulo: Revista dos tribunais.

FERNANDEZ-NÓVOA. C. (1977). *El uso obligatorio de la marca registrada*. ADI, 1976. Madrid: Montecorvo.

FIGUEIREDO. N.M.A. (2007). *Métodos e metodologia na pesquisa científica*. 2ª ed. São Caetano do Sul. Sâo Paulo. Yendis Editora.

GIL, A.C. (2010). *Como elaborar projetos de pesquisa?* 5 ed. São Paulo. Atlas.

ICOM. International Council of Museums. *Museum Definition.*(2021). Disponível em https://icom.museum/en/resources/standards-guidelines/museum-definition/ Acesso em 01/07/2021.

INPI. (2013). *A criação de uma marca*: uma introdução às marcas de produtos e serviços para as pequenas e médias empresas / Instituto Nacional da Propriedade Industrial. – Rio de Janeiro.

INPI.Instituto Nacional da Propriedade Industrial. (2019).*Manual de Desenhos Industriais*, instituído pela Resolução INPI/PR nº 232/2019.

LARGO GIL, Rita. *Las marcas colectivas y las marcas de garantía.* Navarra: Editorial Aranzadi, 2006.

LENCE REIJA, C. (2004). *La protección del diseño en el derecho español.* Madrid: Marcial Pons, 2004.

LÉVY, P. (1996).*O que é o virtual.* 1. ed. São Paulo: Ed. 34.

MONTEIRO, S. D. Ciberespaço: o termo, a definição e o conceito. *DataGramaZero - Revista de Ciência da Informação*, v.8 n.3 p.1-20, Jun/07 ARTIGO 03.

OTERO LASTRES, J. M. O. (1997). *La definición del diseño industrial y los requisitos de protección in la propuesta modificada de Directiva.* Actas de derecho industrial. Madrid: Marcial Pons.

OTERO LASTRES, M. (2009). Introducción a la propiedad industrial. FERNANDEZ-NÓVOA, C. et.al. *Manual de lapropiedad industrial.* Madrid: Marcial Pons.

PANTALONY, R. E. (2017). *Gestão da propriedade intelectual em museus*. Brasília, DF: IBRAM.

PENA, B.& DACOSTA, L. (2020a). eMuseu do Esporte: origens e caminhos futuros. In: eMuseu do Esporte 2020. Pena, B., Da Costa, Miragaya, A. & Vilela, R. p. 4-21. 1. ed. - Rio de Janeiro, 2020. ISBN: 978-65-993425-3-0

PENA, B.; MACHADO, R.; PERALTA, P.; TELLES, S.; BRUNO, M.; DACOSTA, L. (2020b). Melhores práticas de direito de imagem e propriedade intelectual para a preservação e compartilhamento de acervos em Museus Olímpicos e de Esporte: uma proposta de pesquisa. *In*: *eMuseu do Esporte 2020*. Pena, B., Da Costa, Miragaya, A. & Vilela, R. 1. ed. Rio de Janeiro. ISBN: 978-65-993425-3-0

PENA, B.eMuseu do Esporte: um Case da Incubação Tecnológica na UERJ. (2021a). *In*: *A Inovação em Novos Tempos, realidade e Transformações*. Ritto, Antonio& Carvalho, M. B. Rio de Janeiro: Editora Ciência Moderna Ltda, p. 93-102. ISBN: 978-65-5842-039-2

PENA, B.; TELLES, S.C.; ELIAS, R.V.; MACHADO, R.; DACOSTA, L.P.; DE CARVALHO, M.B.; TURINI, M. (2021b). eMuseum of sports: Digital and televised media impact stemming from the virtual galleries and exhibitions. *Journal of Human Sport and Exercise*, 16(1proc), p.84-91. Disponívelemhttps://doi.org/10.14198/jhse.2021.16.Proc1.08.

RAMELLO, G. What's in a sign? Trademark law and economic theory. *Journal of Economic Surveys*, v. 20, n. 4, p. 547–565, 2006.

SANTOS, M. J. P. dos. (2008). *A proteção autoral de programas de computador*. Rio de Janeiro: Lumen Juris.

SCHWEIBENZ, W (2004). The development of virtual museums. *ICOM News*, v.57 n.3. p. 3.

UNESCO - United Nations Educational, Scientific, and Cultural Organization (2003). *Charter on the Preservation of Digital Heritage*. Paris.

ZORICH, D. (2003). *Developing Intellectual Property Policies*: A How to Guide for Museums, Canadian Heritage Information Network, Governo do Canadá, Ottawa, 2003.

Capítulo 4

Novos Modelos de Governança de Startups

Marcos André dos Santos Freitas

Ao longo da história da humanidade grandes inovações tecnológicas criaram novas indústrias e formaram novos mercados. Dois fatores muito importantes merecem especial destaque no cenário de inovação: a inovação disruptiva e os meios de financiamento da inovação. Com a crescente inovação e oferta de fontes de investimento, crescem também os problemas relacionados com o aumento da disponibilidade de capital, investimentos sem retorno e a necessidade de mecanismos de governança dos investimentos, que apesar de existentes, ainda não contemplam as nuances e particularidades das dinâmicas inovadoras e ágeis das *Startups*. Veremos a seguir como a inovação traz novos desafios ao mercado e como novos modelos de governança que acompanhem as inovações do mercado de *Startups* podem resolver esses desafios.

Inovação disruptiva

O termo "inovação disruptiva" foi apresentado pela primeira vez pelo professor da Harvard Business School Clayton Christensen em seu artigo "*Disruptive Technologies: CatchingtheWave*" (CHRISTENSEN, 1995), e em seu livro "The Innovator's Dilemma" (CHRISTENSEN, 1997). De acordo com Christensen (1995), existem dois tipos de inovações: a inovação evolutiva e a inovação disruptiva. A inovação evolutiva aprimora um produto ou serviço já existente através de melhorias identificadas durante o ciclo de vida do produto ou serviço, ou insere novos produto sou serviços complementares para os consumidores, mas não transforma o mercado ou não cria um novo nicho de atuação antes inexistente. A inovação disruptiva, no entanto, desloca a dinâmica do mercado existente, criando novos padrões de consumo, novas formas de distribuição e reconfigura os posicionamentos de organizações líderes de mercado já consolidadas anteriormente. Podemos citar como grandes exemplos de inovações disruptivas:

- O motor movido a carvão que permitiu a criação de grandes máquinas de produção em larga escala e tornou-se a base da revolução industrial;
- A criação de embarcações e trens a vapor ea instalação das redes ferroviárias, acelerando a logística global;
- O surgimento da indústria automobilística que alavancou a construção de rodovias ligando pontos distantes dos países e popularizando as viagens rodoviárias interestaduais;
- A criação dos grandes computadores automatizando as atividades de processamento de grandes volumes de dados e cálculos matemáticos complexos;
- A miniaturização dos processadores digitais resultando em computadores pessoais cada vez menores, mais velozes e potentes;
- O desenvolvimento da Internet interligando países, organizações, pessoas e criando novos mercados;
- A criação da telefonia celular, ampliando as fronteiras da mobilidade de acesso à Internet e serviços digitais.

Inovação e "*uberização*"

Toda inovação se materializa em produtos ou serviços novos ou modificados disponíveis no mercado. Mesmo inovações em processos da cadeia de produção ou novas formas de *marketing*, aquisição e distribuição, impactam direta ou indiretamente na experiência de consumo dos clientes. Temos como exemplo, o aplicativo Uber, que não criou um novo meio de transporte, mas sim, alterou a relação entre passageiros e motoristas de carros através da simplificação da contratação e pagamento pelas viagens. Essa dinâmica ágil de relacionamento comercial entre pessoas interessadas por viagens curtas de carro e proprietários de carros particulares, acabou sendo nomeada pelo mercado como "*uberização*" dos serviços. Sempre que uma parte interessada por um produto ou serviço se conecta com alguém que possui disponibilidade ociosa desse produto ou serviço, através de uma tecnologia que facilita essa relação em troca de um percentual financeiro pela transação comercial, o termo "*uberização*" pode ser usado como classificação desse tipo de produto ou serviço.

A velocidade da "*uberização*" da inovação não é um fenômeno isolado em si. Ela somente é possível, graças ao avanço das tecnologias que propiciam novas facilidades para o desenvolvimento de soluções inovadoras para velhos problemas, somado a novas abordagens de gestão estratégica ágil, que vem sendo a base da gestão das *Startups*, protagonistas no novo mercado da inovação.

Startups e ciclo de vida de produtos e serviços

Em 2012, o professor das universidades norte-americanas de Stanford e Berkeley, Steve Blank, estudou o fenômeno das empresas inovadoras tecnológicas de "garagem" que em pouco tempo conseguiram lançar produtos e serviços inovadores, disruptando seus mercados de atuação. Blank publicou um livro intitulado: Manual do Empreendedor, onde ele cita, pela primeira vez, esse tipo de empresa com a denominação de "*Startups*". Segundo Blank, uma *Startup* é uma organização em estágio inicial, formada para construir um modelo de negócios inovador, escalável e lucrativo habilitado pela tecnologia (BLANK, 2012). Temos como exemplos de *Startups* com crescimento econômico e de mercado acelerado: Microsoft, Apple, Google, Facebook e Amazon.

Ciclo de vida de produtos (KOTLER, 2013)

O ciclo de vida do lançamento de produtos ou serviços, desde a identificação das oportunidades de mercado, até o desenvolvimento e comercialização desses produtos e serviços, é conhecido no mercado como "Curva S", e demonstra que um produto ou serviço nasce a partir de uma ideia inicial e se desenvolve para conquistar clientes em um ciclo crescente de expansão, até alcançar a maturidade do mercado, onde se acredita que o produto ou serviço consolidará uma base de consumidores (KOTLER, 2013).

A fase da infância pode ser caracterizada como o desenvolvimento da inovação e os primeiros protótipos dos produtos ou serviços. Nessa fase, os custos de produção e desenvolvimento ainda são altos e sob medida. Os poucos clientes que se habilitam a adquirir os protótipos de produtos ou serviços iniciais, ainda o fazem como plataforma de testes e sob desconfiança. Ainda há um alto custo de educação sobre os novos produtos ou serviços inovadores e o mercado ainda é resistente ao risco de uma inovação inicial.

A fase da expansão é caracterizada pela padronização do desenvolvimento do produto ou serviço e ganho de escala através da conquista de cada vez mais clientes, com o aprendizado contínuo e melhoria dos produtos e serviços a partir dos *feedbacks* de mercado. Ainda assim, alguns clientes ainda tendem a considerar esse crescimento exponencial como modismo e alguns consumidores ainda podem apresentar resistências naturais à mudança nos serviços tradicionais.

A fase de maturidade é caracterizada pela penetração do novo produto e serviço de forma consistente no mercado. Novos consumidores, antes reticentes, agora se tornam adeptos pelo amadurecimento da inovação no mercado e através dos relatos positivos de consumidores satisfeitos. A resistência anterior se transforma em abertura de mercado e os benefícios e ganhos dos produtos e serviços inovadores são facilmente tangibilizados, reconhecidos e divulgados.

Aceleração da inovação e encurtamento da curva S

O avanço acelerado das tecnologias e sua redução de custo de desenvolvimento e lançamento, resultando na popularização e ganho de escala de adoção da inovação, tem culminado no encurtamento dos prazos de maturidade das inovações tecnológicas. Hoje, um aparelho celular possui até mil vezes mais capacidade de processamento e memória do que o supercomputador da NASA que foi responsável pela missão de envio dos astronautas norte-americanos à Lua em 1969, além de possuir um custo muitíssimo inferior. De acordo com uma análise realizada pela revista Harvard Business Review em 2019, foi identificado que o telefone fixo levou cerca de 45 anos para alcançar 60% das residências norte-americanas, enquanto o telefone celular levou menos de 15 anos para ser adotado por 60% dos cidadãos norte-americanos. As viagens aéreas levaram cerca de 40 anos para serem utilizadas por 80% da população norte-americana, a TV a cores levou 30 anos para entrar no lar de 80% dos americanos, enquanto o *Smartphone* levou somente menos de 5 anos para ser utilizado por 80% dos norte-americanos. Sem sombra de dúvida, a aceleração da velocidade das inovações tecnológicas tem reduzido os prazos de adoção pelo mercado e encurtado substancialmente o "S" do ciclo de vida dos produtos e serviços.

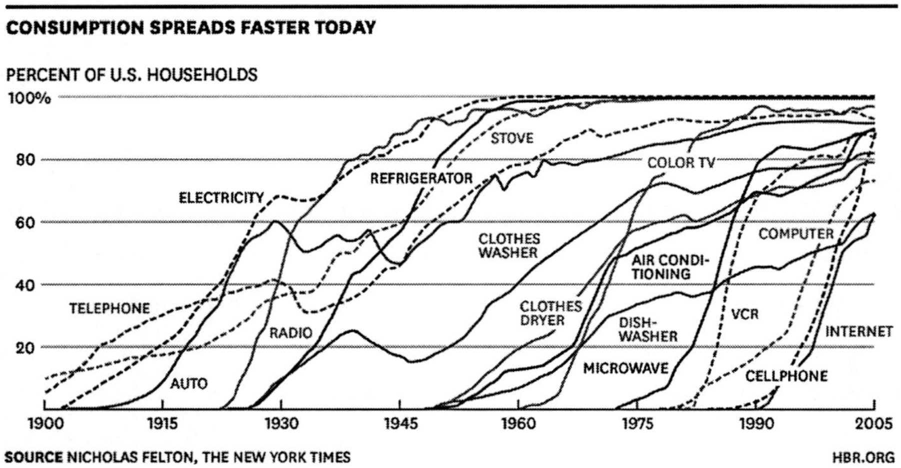

Curva S do prazo de adoção de novas tecnologias nos EUA. New York Times. 2021.

O pesquisador Eric Ries, aluno de Steve Blank, também se debruçou sobre o estudo das *Startups* e publicou em 2019 um livro intitulado: A *Startup* Enxuta – Como utilizar a inovação contínua para criar negócios radicalmente bem sucedidos. Nele Ries (2019) estuda o comportamento das *Startups* e identifica que seus fundadores estão dispostos a experimentar métodos de gestão novos, pois estariam cansados do pensamento tradicional da gestão empresarial. Nesse sentido, observa-se nas *Startups* um movimento para transformar, de forma rápida, ideias em produtos, avaliar a reação dos clientes, e a partir daí, aprimorar a ideia e evoluir o produto, ou desistir da ideia. Esse ciclo de experimentação e aprendizado rápido é a chave para a agilidade da inovação nas *Startups* (RIES, 2019).

Nas empresas tradicionais, as práticas de planejamento estratégico, gestão da produção, gestão de orçamento financeiro e gerenciamento de projetos e *marketing*, geralmente duram ciclos de um ano (planejamento estratégico anual) e divisão de medições e controles por quartil (quatro períodos de fechamento de resultados em três meses do ano).

Nas *Startups* existe a identificação de algo que se acredita que os clientes precisam, seguido do planejamento de um MVP (*minimum viable product*) ou "produto mínimo viável". Um MVP é um protótipo que atende uma necessidade mínima dos clientes e deve ser validado com os clientes antes de ser produzido. Se os clientes manifestarem interesse nesse produto, então a ideia pode ser aprimorada e produzida. Se os clientes respondem que não gostaram do MVP ou que ele não atende suas necessidades, então o MVP é descartado e um novo ciclo de procura por uma ideia nova se inicia.

Os professores da Universidade de Stanford, Rolf Faste e David Kelley, estudaram essa nova dinâmica ágil do ciclo da curva "S" de criação de novos produtos e serviços, observável nas *Startups*, e desenvolveram uma nova abordagem de criação de produtos e serviços chamada de "*Design Thinking*". No *Design Thinking* uma nova ideia começa em uma fase denominada "ideação", onde todas as possibilidades são levantadas. Após, há uma fase chamada de "validação" onde os clientes são ouvidos e participam com suas ideias e contribuições de necessidades da "prototipação" do *MVP*. Então a *Startup* pode decidir se continua com o desenvolvimento do *MVP* ou desiste do protótipo o mais rápido possível, evitando desperdícios de tempo, gestão, recursos de produção e financeiros e garantindo em tempo real o atendimento das necessidades dos clientes (BROWN, 2020).

Enquanto uma empresa tradicional precisa de muitas atividades de planejamento, orçamento, alocação de recursos e projetos de desenvolvimento de produtos e serviços, uma *Startup* utilizando *Design Thinking* identifica rapidamente um problema a ser resolvido, e traz para a concepção de formação de novas ideias os consumidores e demais interessados no mercado, em um processo chamado de: "cocriação". A cocriação é a chave para o desenvolvimento de um MVP acelerado, em comparação com estratégias de gestão tradicionais (BROWN, 2020).

Uma empresa tradicional, geralmente segue um ciclo de orçamento anual. O que vai ser planejado ou produzido no ano seguinte é planejado no ano anterior para que os recursos financeiros sejam alocados nos devidos centros de custo para utilização no ano seguinte. Com o recurso alocado, as etapas de planejamento, controle da produção e lançamento do produto são gerenciados como um projeto, contendo controle de atividades e tarefas, controle de custos financeiros e cronogramas com datas de conclusão de atividades. O ciclo da gestão empresarial ainda se mantém preso ao cumprimento da gestão de projetos baseado no controle rigoroso da produção em cumprimento de prazos e entregáveis. Demora-se muito para produzir algo que só se tem certeza de que terá sucesso no mercado quando os clientes avaliarem o produto pronto. Mais do que atender as necessidades dos clientes, as empresas ainda estão focadas, no seu dia a dia, em cumprir as atividades dentro dos controles de prazo e orçamento.

Consequências da inovação no mercado

Como consequências da aceleração dos ciclos de inovação de produtos e serviços no mercado, novos arranjos competitivos se estabeleceram e empresas tradicionais, tidas como robustas, em menos de uma década se viram ameaçadas por novas empresas alicerçadas pela inovação tecnológica e métodos ágeis de gestão. Empresas capazes de lançar produtos e serviços inovadores, em menos tempo, alcançaram em poucos anos fatias de mercado onde empresas tradicionais levaram décadas para alcançar a maturidade de mercado.

De acordo com a análise da empresa de consultoria McKinsey, 88% das maiores empresas listadas na revista Fortune 500, de 60 anos atrás, não existem mais hoje em dia, e foram substituídas por novas empresas que surgiram em menos de 10 anos. Segundo o *ranking* da agência de notícias financeiras norte-americana Bloomberg, em 2006 as três maiores empresas globais eram empresas de energia. Desde 2016 até os dias atuais, as três maiores empresas globais são as empresas de tecnologia que iniciaram suas operações como *Startups*.

Outra consequência da aceleração das inovações tecnológicas no mercado é a necessidade de transformação e reconfiguração das posições de trabalho, formação e capacitação da mão de obra. De acordo com a pesquisa da Dell Technologies e Institute for the Future, 85% das novas profissões que existirão até 2030 ainda não foram criadas. De acordo com pesquisa da consultoria McKinsey, 60% das posições de trabalho no mundo já são tecnicamente viáveis de serem automatizadas e estudo do Fórum Econômico Mundial aponta que cerca de 80 milhões de posições de trabalho vão desaparecer, enquanto cerca de 133 milhões de novas posições de trabalho, com novas habilidades requeridas, devem surgir. Não só a inovação é capaz de disruptar mercados, lideranças competitivas, padrões e tendências de consumo, mas, também, as dinâmicas sociais de alocação de capital intelectual e dinâmicas de gestão de talentos e pessoas.

Essas alterações e dinâmicas sociais também impactam diretamente, não só a capacidade das novas *Startups s*em lançar produtos e serviços inovadores, mas, também, as preferências de consumo das novas gerações em escolher produtos e serviços que mais se identifiquem com suas necessidades atuais. A *Startup*-Nubank foi criada a partir da insatisfação de um dos sócios com a burocracia bancária no Brasil. Junto com outros dois sócios, lançaram em 2012 um banco digital, sem cobrança de tarifas e sem agências físicas, com atendimento exclusivo através de um aplicativo de celular. Em nove anos, a *Startup* Nubank já está avaliada em mais de 25 bilhões de dólares, com mais de 30 milhões de correntistas e já é o 6º maior banco brasileiro em número de correntistas. Atualmente, existem inúmeros bancos digitais em operação no Brasil. As quatro principais *Startups Fintechs,* Nubank, Banco Inter, Banco Original e C6, contabilizam somadas mais de 45 milhões de correntistas, mesmo número de clientes do Banco Santander, 5º maior banco brasileiro em número de clientes. De acordo com pesquisa da Febraban em 2021, as contas digitais abertas em *Startups Fintechs* aumentaram 90% durante a pandemia do Covid-19 e atualmente 80% das contas pagas no Brasil já são realizadas por transações em bancos digitais

Meios de financiamento da inovação

Ao longo da história, toda inovação disruptiva de sucesso foi alavancada por investimentos financeiros. A invenção da prensa móvel de Gutemberg, que disruptou o processo de produção manual e leitura de livros e alterou a configuração social intelectual na Europa do séc. XIV, só foi possível graças ao joalheiro Johann Fust, que financiou a oficina para aprimoramento da invenção de Gutemberg para a execução de seu primeiro projeto: a impressão da Bíblia para a Igreja Católica na idade média.

As expedições para o descobrimento de uma rota da seda através do mar, como opção as rotas terrestres, inviabilizadas pela queda do império mongol e pelo fracasso das Cruzadas, levou os reis e burgueses de Portugal e Espanha a financiarem expedições marítimas que resultaram no descobrimento de novas rotas para o oriente e acolonização da América do Norte e Sul no séc. XVI. Com a hegemonia de Portugal e Espanha no domínio das rotas marítimas, a Holanda cria a Companhia das índias Ocidentais, financiada com capital misto entre dinheiro do estado e de ricos comerciantes investidores holandeses, dando início a uma livre concorrência mundial pela exportação de produtos da época. Após a invenção dos motores a vapor, pequenas empresas ferroviárias foram criadas na Europa e Estados Unidos, mas a expansão acelerada das redes ferroviárias iniciarama partir do plano de rede ferroviária no estado de Massachusetts, nos Estados Unidos, em 1829, executado a partir da captação de investimentos em cartas de crédito pela iniciativa privada, iniciando um novo modelo de investimento e expansão de projetos de ferrovias, levando os Estados Unidos a se tornarem rapidamente uma das maiores malhas ferroviárias do mundo. Nas décadas seguintes a 1850, o sistema ferroviário norte-americano viveu seu auge e foi considerado na época como o melhor negócio de investimento dos Estados Unidos, atraindo milhares de investidores privados.

Bolhas financeiras

De acordo com o professor de economia da Universidade de Princeton, Markus Brunnermeier, autor do livro: "Bolhas e Bancos Centrais – perspectivas históricas", as bolhas financeiras são caracterizadas historicamente como situações de investimentos especulativos em momentos de grande liquidez de mercado, "*boom* econômico" e crédito farto, baseados em análises de visões distorcidas ou inconsistentes sobre os valores de um ativo e seu potencial real de crescimento e lucratividade, com potenciais riscos nos ciclos de negociação, onde os preços e ganhos podem não crescer exponencialmente como esperado, causando o chamado "estouro da bolha" e resultando em perdas financeiras do capital investido (BRUNNERMEIER, 2001).

De acordo com o professor de finanças da faculdade de economia Insper, Ricardo Rocha, uma bolha financeira acontece a partir de uma forte valorização, em um determinado tipo de ativo, motivada pelo excesso de dinheiro na economia ou por muita demanda por determinados ativos, aumentando assim a especulação dos seus preços. Segundo Rocha, essa demanda não se fundamenta em análise técnica, mas por especulação e crença em ganhos acima da média, que são frustrados quando os valores de crescimento e lucratividade dos ativos não crescem conforme o esperado (ROCHA, 2021).

O professor Brunnermeier, em seu livro, também frisa que as bolhas surgem especialmente em períodos de grande inovação. Assim foi durante as navegações, ferrovias e Internet (BRUNNERMEIER, 2001).

Bolhas financeiras na história

A primeira bolha registrada na história foi a chamada "Tulipomania" na década de 1630 na Holanda. As tulipas eram muito apreciadas pela sua beleza e passaram a ser muito procuradas para compra, o que aumentou os preços gradativamente ao passar dos anos, tornando o comércio das tulipas bastante lucrativo. Pessoas de todas as classes vendiam propriedades para investir em tulipas e logo começaram a ser negociados contratos de colheitas futuras que ainda nem haviam sido plantadas. Em 1637, subitamente houve uma perda de confiança nesses títulos, levando a uma corrida para o resgate dos investimentos, causando queda brusca nos preços e com inúmeras falências de produtores de tulipas e investidores holandeses.

Em 1717, na Inglaterra, a Companhia Inglesa dos Mares do Sul tinha o monopólio do comércio marítimo com as colônias espanholas na América Latina. A companhia propagava rumores sobre os resultados grandiosos das suas expedições comerciais e conseguia vultuosos investimentos, porém, esses resultados não eram verdadeiros. O valor das ações da empresa disparou e a procura por seus títulos era imensa, inclusive conseguindo altos investimentos do parlamento britânico. Sem os resultados financeiros esperados, muitos investidores se viram obrigados a vender as ações da companhia, gerando uma queda brusca nos valores das ações e um frenesi no mercado inglês para se desfazer desses títulos, causando a falência da Companhia Inglesa dos Mares do Sul, a quebra de vários bancos ingleses e o desmoronamento da economia britânica.

Em 1929, os Estados Unidos viviam um momento de prosperidade econômica alavancado pelo consumo, crédito farto, investimentos crescentes na bolsa de valores e procura cada vez maior por investimentos dos cidadãos comuns, que buscavam comprar ações e revendê-las por um preço maior. Com o aumento da demanda pela compra de ações, seus preços subiram, fazendo com que ficasse mais difícil sua compra. As pessoas passaram então a contrair empréstimos em bancos para comprar mais ações. Porém, quando o aumento dos preços das ações foi maior do que o aumento dos salários, e os ganhos com as vendas das ações foram menores do que os juros dos empréstimos, muitos norte-americanos venderam suas ações ao mesmo tempo em massa, causando uma queda brusca nos preços das ações e um efeito em cascata, pois ao revender a um preço menor do que os empréstimos, o dinheiro em circulação no mercado acabou, gerando uma quebraem cadeia: famílias, investidores, bancos e empresas que não tinham mais para quem vender.

Ao longo da década de 1990, a Internet se popularizou e a demanda pelos computadores pessoais disparou. Surgiram diversas novas empresas de tecnologia na Internet, que o mercado acreditava que cresceriam ilimitadamente. Houve nesse período o maior número de novas companhias de tecnologia que passaram a ser listadas na bolsa de valores, superaquecendo o mercado pela especulação na expectativa de crescimento acelerado, excesso de confiança, e altos ganhos de rendimento, porém sem fundamentos técnicos. Em março de 2000 os investidores perceberam que esse crescimento não possuía embasamentos consistentes e houve um pânico generalizado com movimentos de venda de ações em massa, causando perdas financeiras estimadas em mais de US$5 trilhões. As chamadas empresas "ponto com" eram empresas que investiam em campanhas de *marketing* e planos de negócios mirabolantes somente para atrair a confiança dos investidores, porém sem expectativa consistente de lucro futuro, somente acreditando na confiança dos avanços tecnológicos. Porém, durante a bolha da Internet, nem todos perderam dinheiro. Alguns investidores, chamados de "capitalistas de alto risco" enxergaram que poderiam reduzir o risco de suas perdas, mudando suas táticas de investimento. Muitos buscavam negócios com potencial de aumento nas suas cotações de ações e investiam o que chamavam de "capital de arranque". Quando as ideias e os planos de negócio eram apresentados aos investidores maiores, os investidores do capital de arranque retiravam seus ganhos com margem de lucro e saíam do investimento antes que os novos investidores descobrissem que não havia um produto real, ou que o plano de negócios não estava tecnicamente bem fundamentado e que os ganhos almejados não seriam alcançados. Essa modalidade de investimento passou a ser reconhecida no mercado como "*venture capital*" ou "capital de aventura" e foi a causadora de uma euforia em larga escala no mercado. Apesar de injetar recursos e desenvolver empresas, o principal objetivo não era a criação de produtos e serviços rentáveis de longo prazo que alcançariam a maturidade na curva S, mas, sim, a captação de mais investimentos, para lucrar na liquidez da venda das ações para novos investidores que acreditavam no potencial das empresas "ponto com". Segundo especialistas, o estouro da bolha da Internet provou que uma empresa não iria crescer e ser lucrativa apenas por estar recebendo aportes de investimentos, e a bolha da Internet poderia ter sido menos grave se muitos investidores não tivessem confiado cegamente nas decisões dos fundos de investimentos de "*venture capital*". Esses tipos de empresas passaram a ser conhecidas como investimentos "cheque em branco", onde as empresas captam investimentos para depois se estruturarem e pensarem em criar produtos e serviços para o mercado.

O mercado de investimento em *Startups* nos dias atuais

De acordo com o levantamento do portal Infomoney, já há no Brasil uma *Startup* para cada 15 mil habitantes. De acordo com pesquisa da Google for Startups, o Brasil foi de 2016 a 2021 de 5 mil para 14 mil *Startups* distribuídas por 692 cidades.

Se no passado, os novos empreendimentos eram "incubados", atualmente as *Startups* brasileiras passam por "programas de aceleração". Atualmente, no Brasil, há 78 programas de aceleração ativos.

De acordo com o Sebrae, as incubadoras são programas de apoio a pequenas empresas, liderados por gestores com experiência em mediar iniciativas públicas, acadêmicas e empresariais, no que o mercado chama de "tripla hélice": mercado, academia e governo. Enquanto as aceleradoras são programas destinados a ideias com potencial de escalação rápida e captação de investimentos, utilizando a tecnologia como base. As aceleradoras são formadas por empreendedores e investidores com experiência no mercado de *Startups*. Segundo análise do Sebrae, o modelo adequado para um novo empreendimento, incubadora ou aceleradora, dependerá dos objetivos do modelo de negócio. Se é uma inovação radical com um modelo de negócio tecnológico escalável em curto e médio prazo, as aceleradoras são mais adequadas. Enquanto as incubadoras são mais adequadas para modelos de negócios na economia tradicional. As iniciativas de investimentos das *Startups* seguem a dinâmica dos programas de aceleração, ou os programas de aceleração foram criados para refletir as necessidades de investimentos. As aceleradoras preparam as *Startups* para realizarem "*pitches*", rodadas de apresentação da ideia, mapeamento de mercado, modelo de negócio e estratégia de crescimento exponencial. O objetivo das rodadas de *pitches* é apresentar a ideia em eventos denominados como "*Demodays*", ou dia de demonstração das apresentações para potenciais investidores. De acordo com mapeamento da Associação Brasileira de Startups (ABStartups), as dinâmicas de investimentos nas *Startups* seguem uma evolução de acordo com a etapa de maturidade da *Startup*:

- Investidor anjo: investidores individuais, investindo recursos do próprio bolso. Geralmente um investidor anjo, além de recursos financeiros, orienta as *Startups* em um processo de mentoria de negócios. Os investidores-

-anjo começavam com valores em torno de R$50.000,00 para que a ideia saia do papel e para que um MVP seja construído e testado com os clientes. Atualmente, as rodadas de investimento-anjo têm girado em torno de até R$200.000,00. Os investidores-anjo, em sua maioria não almejam acompanhar a empresa durante seu crescimento e amadurecimento. Seu objetivo principal é alcançar o "*exit*" ou saída do investimento inicial com dividendos de lucro obtidos com a venda da *Startup* ou um novo investimento maior.

- Investimento *Seed* (semente): geralmente realizada por grupos de investidores-anjo reunidos em pequenos fundos de investimento, aportando recursos financeiros em MVPs que já possuem sinais de validação com o mercado e já possuem base inicial de clientes pagantes. Os investimentos *Seed* giram em torno de R$1 a R$5 milhões. Importante frisar que 75% das *Startups* que recebem investimentos não passam dessa rodada de investimento semente. Assim como os investidores-anjo, o investimento *seed* também almeja receber os lucros do "*exit*" quando a *Startup* recebe um aporte de investimento maior ou é vendida.

- Série A: os investimentos série A, B, C, etc., são realizados por fundos de investimentos para aumentar o *marketing* dos produtos já comercializados no mercado e melhorar processos internos para aumentar a credibilidade da marca e fazer o negócio da *Startup* crescer, ou na linguagem das *Startups*, para escalar o produto ou serviço. Os investimentos série A giram em torno de R$5 até R$40 milhões. Essa rodada representa 26% do total de *Startups* que receberam investimentos.

- Série B: a *Startup* que recebe um aporte série B já está na fase de aumentar a base de clientes contratantes, explorar novos mercados e produtos, contratar para crescer ou até mesmo adquirir novas *Startups* complementares.

Os investimentos série B variam entre R$40 a R$100 milhões. Investimentos série B em diante geralmente são realizados por fundos de investimentos internacionais. Essa rodada representa 9% dos investimentos recebidos.

- Série C: investidores procuram por *Startups* com participação considerável no mercado e os investimentos servem para acelerar a empresa e realizar planos de expansão, principalmente em mercados internacionais ou aquisição de novas empresas. As rodadas de investimento série C giram em torno de R$100 a R$250 milhões. Essa rodada representa 3% dos investimentos.

- Série D, E, F: são investimentos superiores a R$300 milhões e buscam principalmente a expansão acelerada, geralmente antecedendo os planos de abertura de capital ou internacionalização. Essas rodadas representam aproximadamente cerca de 1% ou menos dos investimentos em *Startups*.

Até hoje, os maiores aportes de investimentos em *Startups* brasileiras foram um série G da Ifood, seguido por um série E do Quinto Andar e um série D da Loft.

Quando uma *Startup* alcança um valor de mercado superior a R$1 bilhão, ela passa a ser classificada como uma "*Startup* unicórnio". Atualmente, no Brasil, existem 21 *Startups* unicórnios:

- 99: transporte particular (2018);
- PagSeguro: serviços financeiros (2018);
- Nubank: serviços financeiros (2018);
- Arco Educação: educação (2018);
- Ifood: alimentos e logística (2018);
- Stone: serviços financeiros (2018);

- Brex: serviços financeiros (2019);
- Gympass: saúde e bem-estar (2019);
- Ascenty: datacenter (2018);
- Loggi: logística (2019);
- Quinto Andar: serviços imobiliários (2019);
- Ebanx: serviços financeiros (2020);
- Wildlife: jogos para celular (2020);
- Loft: serviços imobiliários (2020);
- Vtex: comércio eletrônico (2020);
- Creditas: serviços financeiros (2020);
- C6 Bank: serviços financeiros (2020);
- Madeira Madeira: comércio eletrônico (2021);
- Hotmart: educação (2021);
- Mercado Bitcoin: serviços financeiros (2021);
- Unico: biometria e documentos (2021).

A expectativa da Associação Brasileira de Startups é que em cinco anos, o Brasil alcance a marca de 100 *Startups* unicórnios.

Além das *Startups* unicórnio com investimentos de rodadas de captação de fundos, sete *Startups* brasileiras também abriram ofertas públicas de ações nas bolsas de Nova Iorque. São elas: PagSeguro, Stone, Locaweb, Enjoei, Mobly, Meliuz e Bemobi. Em 2021, quatro *Startups* manifestaram interesse em abrir ações na bolsa B3 brasileira. São elas: PicPay, Wine, GetNinjas e Zenvia.

As maiores captações de investimentos das *Startups* no mundo foram do *marketplace* chinês Alibaba, que captou US$ 238 bilhões, seguido do aplicativo de vídeos chinês Kauishou, que captou US$164 bilhões, a rede social norte-americana Facebook, que captou US$ 104 bilhões e o aplicativo norte-americano de reserva de hospedagem Airbnb, que captou US$ 100 bilhões.

Apesar dos investimentos vultuosos, de acordo com levantamento do Sebrae, 80% das *Startups* brasileiras começam com recursos próprios, o chamado *"bootstrapping"* e 50% dos fundadores ficam sem ter salário por até 2 a 3 anos. A radiografia das *Startups* brasileiras realizada pela ABStartups, apontou que76% das *Startups* começam com reservas financeiras pessoais dos sócios, enquanto 9% iniciam com investimentos-anjo, 4% participaram de programas governamentais de subvenção econômica, 4% receberam investimentos de aceleradoras, 1% recebeu investimento de *venture capital* e 1% recebeu financiamento bancário.

O crescimento de investimentos em *Startups*

Em 2021, segundo pesquisa sobre as marcas mais valiosas do mundo, das dez principais marcas mais valiosas, as sete primeiras pertencem a empresas que começaram como *Startups* de tecnologia. Amazon, Apple, Google, Microsoft, Tencent, Facebook e Alibaba alcançaram o topo de marcas mais valiosas do mundo por seus valores de mercado, captação de clientes e pelo poder da marca pelos retornos financeiros dos investimentos. Do total de ações negociadas na NASDAQ, a bolsa norte-americana de negociação de ações eletrônicas, as ações das empresas Facebook, Amazon, Apple, Netflix e Google, somadas, alcançam a marca de cerca de US$6 trilhões, totalizando mais da metade do valor total das demais empresas listadas na NASDAQ. Esses resultados impressionam e colocam as *Startups* no topo do *ranking* de investimentos promissores para os investidores.

De acordo com pesquisa da revista Forbes, é estimado um crescimento em 2021 de US$20 bilhões em investimento em *Startups*. Segundo a Associação Brasileira de Startups, somente no primeiro trimestre de 2021, foi investido em *Startups* no Brasil 68% do total de investimentos do ano de 2020 inteiro.

Os cenários de investimentos a partir de fundos de investimento têm contribuído para o surgimento exponencial cada vez mais de novas *Startups* no mercado. Em junho de 2021 foi sancionada a lei brasileira complementar nº 182, chamada de "Marco Legal das Startups" que estimula o empreendedorismo inovador e facilita a atração de investidores.

O Marco Legal das Startups traz como novidades legais para a formalização das empresas os seguintes pontos:

- Permissão legal de que os investidores-anjo ou fundos de investimento aportem capital na empresa, consolidados no balanço contábil e regulados pela Comissão de Valores Mobiliários, sem, contudo, esse investimento configurar participação societária no contrato social da empresa nem responsabilidades de gestão por parte do investidor, cabendo aos envolvidos, a definição da melhor maneira de remuneração dos investimentos acordados em contrato firmado entre as partes. Esse tipo de mudança traz segurança jurídica para os investidores e fundadores de *Startups* ao separar papéis e responsabilidades bem definidas.

- A possibilidade dos governos em contratar soluções inovadoras em caráter experimental de pesquisa ou em ambientes de testes de mercado, de forma colaborativa com o governo, para resolver problemas de demandas públicas através da tecnologia. Essa modalidade permite que as soluções sejam remuneradas por êxito ou metas de resultados alcançados, desburocratizando as obrigações de processos de licitação que afastam as *Startups* inovadoras das concorrências governamentais.

Problemas com os investimentos das *Startups*

Segundo pesquisa da aceleradora de *Startups* Distrito, menos de 1% das *Startups* alcançam valor de mercado para serem consideradas *Startups* unicórnio. Apesar do número crescente de *Startups* unicórnio no mercado brasileiro, especialistas em investimentos apontam que o valor de mercado estimado em mais de R$1 bilhão, deve-se ao fato dos aportes de investimento, e não das próprias receitas alcançadas por produtos e serviços vendidos aos consumidores. Semelhante às empresas de Internet no passado, muitas *Startups* sobrevivem com o apelo de investimentos constantes, até que os investidores se cansem de bancar a *Startup* e liquidem suas ações para reduzirem prejuízos. Semelhante aos efeitos de "bolhas" no passado, basta somente alguns investidores apresentarem desconfiança com os resultados do investimento nas *Startups*, que o mercado rapidamente virá atrás.

De acordo com a matéria veiculada na revista eletrônica TI Inside, os fundadores do banco digital Nubank, relatam que os balanços negativos do Nubank são uma escolha interna e o foco da *Startup* unicórnio é o crescimento e não o resultado. As contas são continuamente fechadas no positivo em função dos milhões recebidos em aportes de investimentos seguidos.

Outro caso remete ao site de comércio eletrônico de produtos esportivos Netshoes, que durante décadas festejou ser o primeiro unicórnio brasileiro, abrindo ações na NASDAQ em 2017, valendo mais de US$1 bilhão, mas acabou acumulando dívidas, segundo a revista Exame, em torno de R$480 milhões. A Netshoes acabou vendida para o Magazine Luiza por US$115 milhões sem nunca ter dado lucro na sua operação.

Mesmo a inovadora *Startup* unicórnio norte-americana Uber, apresentou prejuízos históricos consecutivos e está cortando pessoas ao redor do mundo para reduzir custos, além de congelar os valores repassados aos motoristas, flexibilizar a seleção de novos motoristas e aceitar carros mais antigos, como forma de tentar aumentar a receita gerada e reduzir os prejuízos para acalmar os investidores.

Outro caso, com bastante repercussão na mídia, foi a *Startup* de escritórios de coworking WeWork. Após uma tentativa de oferta pública de ações na bolsa de Nova Iorque, os resultados e planos da *Startup* unicórnio foram revistos e descobriu-se inconsistências nas divulgações para o mercado, causando desconfiança nos investidores, desvalorização da marca e incredulidade na capacidade de liderança e gestão do seu fundador, que foi afastado de seu cargo pelo fundo de investimento com maior aporte financeiro na WeWork. Em comunicado ao mercado, o presidente do fundo de investimentos japonês Soft Bank, maior acionista da WeWork, afirmou à imprensa que pela primeira vez a Soft Bank apresentaria prejuízo nos seus resultados, causado principalmente pela desvalorização da WeWork, e que o investimento na *Startup* havia sido uma grande tolice.

Na contramão da impaciência dos investidores, a Amazon abriu capital em 1997 e levou 6 anos para registrar o primeiro resultado lucrativo. Hoje a Amazon, sendo a marca mais valiosa do mundo, e com produtos com receita crescente, ainda registra lucro abaixo do esperado pelos investidores. Porém, a Amazon ainda segue o plano de priorizar a expansão no mercado antes de proporcionar o resultado financeiro para os investidores.

Problemas com as *Startups*

De acordo com pesquisa da revista Forbes, apenas 10% das *Startups* conseguem sobreviver após 4 anos de criação. 90% das *Startups* quebram por conflitos de interesses entre fundadores e investidores, criação de produtos e serviços que não servem ao mercado e a preocupação dos fundadores mais com a captação de investimentos do que com a conquista e retenção de clientes que gerem receita. Pesquisa da Fundação Dom Cabral sobre a mortalidade das *Startups* brasileiras, aponta que as razões para a morte das *Startups* são o desalinhamento entre o interesse dos fundadores e investidores, conflitos entre os fundadores, falta de identificação dos fundadores com o negócio e incapacidade de adaptação às mudanças do mercado.

Relatório do Instituto Brasileiro de Governança Corporativa (IBGC) aponta que os motivos para a saída dos sócios das *Startups* e consequente quebra do negócio, são o desalinhamento entre interesses particulares, conflito entre os sócios e dificuldades financeiras.

Segundo a revista Fortune, as *Startups* que recebem altas quantias de investimentos, porém não reportam lucros, são chamadas de "*Startups* Zumbi" pois sobrevivem somente com o dinheiro de investidores.

Empresas tradicionais entrando na dança

As mudanças no mercado causadas pela aceleração das inovações tecnológicas têm causado nas empresas tradicionais perda de mercado para empresas menores e mais ágeis e impulsionado um fenômeno chamado de aceleração da digitalização dos negócios ou mais popularmente chamado de "transformação digital". Empresas têm investido pesadamente em novas tecnologias e projetos de transformação digital, principalmente, motivados pela pandemia do Covid-19, que mexeu com as dinâmicas de mercado e preferências de consumo, afetando diretamente as estratégias de crescimento das empresas tradicionais. De acordo com a pesquisa da consultoria internacional McKinsey, são perdidos anualmente cerca de US$900 bilhões em projetos de transformação digital malsucedidos pelas empresas tradicionais.

Pesquisa da consultoria Deloitte aponta que apenas 1 em cada 25 iniciativas de inovação tecnológica nas empresas tradicionais tem sucesso, dado que também é reforçado pela pesquisa da empresa de tecnologia Wipro que aponta que 96% dos investimentos em inovação tecnológica patrocinados pelas empresas tradicionais têm fracassado.

Em 2004, os professores da Universidade de Stanford, Michael Tushman e Charles O'Reilly publicaram um artigo na Harvard Business Review intitulado: "As organizações ambidestras". Inspirados na figura do deus romano Janus, de duas cabeças, que olha para frente e para trás ao mesmo tempo, as organizações ambidestras seriam empresas capazes de olhar para a gestão atual da empresa enquanto inovam olhando para o futuro da empresa. Para que isso aconteça, Tushman e O'reilly analisaram os processos de transformação e sobrevivência tecnológica das empresas tradicionais ao longo de décadas, e propuseram que as empresas precisam combinar esforços de gestão como melhoria da produção, eficiência, implementação e execução, enquanto realizam por outro lado atividades de pesquisa, experimentação, descoberta e inovação. O modelo de empresas ambidestras proposto por Tushman e O'Reilly traz como desafio encontrar o equilíbrio entre a gestão tradicional de controle e melhoria interna, ou seja, a inovação evolutiva, que os autores denominam como "inovação fechada ou interna", com a gestão da inovação disruptiva, que os autores classificam como "inovação aberta". Segundo os autores, muitas empresas falham porque investem mais ou menos em apenas um dos dois modelos. Algumas empresas apenas olham para a melhoria interna (inovação fechada) e descartam ou ignoram forças competitivas de mercado como novos concorrentes ou o avanço da inovação no mercado, enquanto outras apenas se concentram em criar novos produtos inovadores junto com seus clientes, e se esquecem de organizar internamente a empresa para sustentarem a inovação aberta. Os autores defendem que os líderes e gestores têm um papel fundamental na implementação da gestão ambidestra equilibrando as tensões e conflitos resultantes da escolha dos investimentos, alocação de recursos, gestão de riscos, expectativa de retorno financeiro e gestão das atividades em sinergia entre as duas visões de gestão (TUSHMAN & O'REILLY, 2004).

Mas, infelizmente, o medo das empresas tradicionais em perder mercado para empresas inovadoras mais ágeis, tem levado as empresas tradicionais, em uma decisão míope, unilateral e quase "desesperada", de procurar *Startups* com soluções prontas para serem adquiridas no menor prazo. O pensamento limitado tem definido que uma solução pronta de uma *Startup* resolverá os planos estratégicos de transformação digital das empresas tradicionais, contrariando a recomendação original de Tushman e O'Reilly, de manter-se uma gestão da inovação ambidestra. Ao invés disso, as empresas tradicionais criaram um novo mercado denominado: "*corporateventure capital*" onde agora as *Startups*-são compradas, incorporadas às empresas tradicionais e suas ideias iniciais enterradas para atender a necessidade pontual da empresa que comprou (TUSHMAN & O'REILLY, 2004).

De acordo com a Associação Brasileira de Venture Capital, os investimentos corporativos em *Startups* cresceram em 2021, 313%, alcançando valores de R$13 bilhões, enquanto os investimentos do tradicional *Private Equity*, quando uma empresa compra outra empresa, tiveram uma redução de 67%, alcançando somente R$400 milhões negociados. Empresas estão reduzindo a compra de outras empresas para comprarem *Startups* inovadoras que resolvem os problemas da transformação digital das empresas tradicionais.

De acordo com pesquisa do fundo de investimentos BR Angels, 62% dos executivos de empresas já consideram o investimento em *Startups* como pauta estratégica das empresas tradicionais e metade das empresas já pretende criar um fundo de *corporate venture capital* nos próximos 2 anos.

Problemas como o modelo de Corporate Venture Capital

Temos percebido uma distorção oportunista dos conceitos de Tushman e O'Reilly de ambidestralidade. O conceito de "inovação aberta" tem se restrito a buscar *Startups* para compra e resolução de um problema interno pontual. Programas de inovação aberta têm oferecido oportunidades de investimentos por empresas, que seriam muito inferiores aos valores gastos com um projeto interno de inovação, para pagar mais barato para *Startups* do que para uma consultoria ou de salários para funcionários internos. Ao invés de oportunidades de inovações reais, as empresas têm se limitado a trazer para as iniciativas de inovação aberta problemas operacionais internos que poderiam ser resolvidos com iniciativas de inovação interna ou fechada. Portanto o conceito de inovação aberta, utilizado atualmente no mercado está em discordância com as propostas originais da gestão da inovação ambidestra.

Além da distorção do conceito de inovação ambidestra, o mercado de *corporate venture capital* já apresenta seus resultados negativos. Segundo pesquisa do fundo de investimento BR Angels, 60% dos investimentos feitos por empresas tradicionais em *Startups* não alcançaram os objetivos pretendidos.

Startups serão a nova bolha?

O crescimento vertiginoso da criação de *Startups* no mercado, apresentações de *marketing* com ofertas de crescimento acelerado e ganhos estratosféricos, têm resultado na atração de grandes investimentos recorrentes. Com cada vez mais investidores-anjo, fundos de investimentos e até empresas buscando, cada vez mais precocemente, investir em negócios "tidos como promissores" sem avaliação adequada de risco e falta de regulamentação dos Bancos Centrais sobre os tipos de investimentos, pelo contrário, com estímulo ao crédito para cada vez mais investimentos no mercado,essa parece ser a receita repetitiva que levou às principais bolhas no passado. Se "copiarmos e colarmos" esse texto para explicar todas as bolhas que ocorreram até agora na história, conseguimos explicar como todas as bolhas se formam. Mas, por que não conseguimos evitá-las?

Segundo a economista britânica Ann Pettifor, diretora do Centro de Investigação de Políticas Macroeconômicas e assessora de governos e organizações a respeito do sistema financeiro global:

> "*As grandes bolhas se formam quando a regulamentação financeira e as instituições estão deliberadamente debilitadas e permitem que a ilusão dos investimentos ilógicos crie raízes.*" (PETTIFOR, 2017).

Diante do excesso de capital disponível para investimento, temos testemunhado episódios de grandes valorizações de *Startups* a partir da captação de investimentos, sem uma perspectiva real de criação de produtos e serviços lucrativos. As empresas captam investimentos para sobreviver, e vivem enquanto houver mais investimentos. O principal valor de mercado dessas *Startups* "anabolizadas" com investimentos, é o seu potencial exponencial de crescimento, vendido em apresentações de "*pitches*" em "*demodays*", cuidadosamente preparados por investidores de aventura (*venture capital*) que almejam retirar o seu lucro no "*exit*" da venda ou investimento maior.

De acordo com o professor de Direito Empresarial do IBMEC, Isac Costa, as bolhas financeiras nos ajudam a observar o comportamento sempre otimista dos investidores, que buscam apenas dados que corroboram com suas expectativas, ignorando sinais de alerta. Segundo Costa, é preciso ceticismo metódico e seletividade para questionar pontos cegos nos *pitches* de vendas, projeções excessivamente otimistas e se a probabilidade da materialização de certos riscos não está sendo subestimada (COSTA, 2021).

O surgimento da governança

A evolução do sistema capitalista no século XX, junto com o crescimento das grandes empresas, demandou a padronização de mecanismos de controle da produção e gestão financeira como critérios de sobrevivência aos empreendimentos bem sucedidos. A conjunção dos interesses dos acionistas, proprietários e gestores das empresas é conhecida historicamente no mercado como "o despertar" da necessidade da governança empresarial (ROSSETTI & ANDRADE, 2011).

Os adventos históricos das bolhas financeiras estimularam a criação de mecanismos de controle e regulação da gestão da empresa e investimentos conhecidos como "Governança Corporativa". Seus principais autores são:

- R. Monks: Governança Corporativa. Década de 90;
- Cadbury: The Cadbury Report. Década de 90;
- OCDE: Princípios da Governança Corporativa. Década de 90;
- P. Sarbanes e M. Oxley: Ato de Proteção dos Acionistas. Lei Sarbanes-Oxley. 2002;
- IBGC: Código das Melhores Práticas de Governança Corporativa. 2015.

A governança corporativa desenvolveu-se como reação aos conflitos gerados entre proprietários, gestores e investidores e para prevenção de riscos originados por ganâncias e fraudes geradas por "empreendedores franco-atiradores" e "investidores oportunistas" (ROSSETTI & ANDRADE, 2011).
De acordo com o Instituto Brasileiro de Governança Corporativa (IBGC), a governança corporativa é:

"O sistema pelo qual as empresas são dirigidas, monitoradas e incentivadas, envolvendo os relacionamentos entre sócios, conselho de administração, diretoria, órgãos de fiscalização e controle de demais partes interessadas. As boas práticas propostas pela governança corporativa convertem princípios básicos em recomendações objetivas, alinhando interesses com a finalidade de preservar e otimizar o valor econômico de longo prazo da organização, facilitando seu acesso a recursos e contribuindo para a qualidade da gestão da organização, sua longevidade e o bem comum."

Recomendações de governança corporativa para *Startups* do IBGC

Com o avanço dos investimentos crescentes em *Startups*, o IBGC criou o Grupo de Estudos de Governança Corporativa em *Startups*, e após estudos sobre o mercado de investimentos em *Startups*, criou em 2019, a publicação: Governança Corporativa em Startups e Scale-ups – práticas e percepções. O documento aborda as particularidades da governança durante as fases do crescimento das *Startups*.

De acordo com as recomendações do IBGC para *Startups*, a governança corporativa assenta-se em quatro princípios básicos: transparência, equidade, prestação de contas e responsabilidade corporativa. Segundo o IBGC, a taxa de mortalidade das *Startups*, apesar de alta, poderia ser reduzida por meio da adoção das práticas de governança propostas na sua publicação.

Segundo o IBGC, as *Startups* bem sucedidas com maiores níveis de maturidade, costumam passar por quatro fases em seu trajeto de evolução: ideação, validação, tração e escalação. Cada fase possui particularidades, prioridades e premissas. O nível de governança varia de acordo com o momento e fase de desenvolvimento da *Startup* e cada fase possui quatro pilares: estratégia e sociedade, pessoas e recursos, tecnologia e propriedade intelectual, processos e prestação de contas.

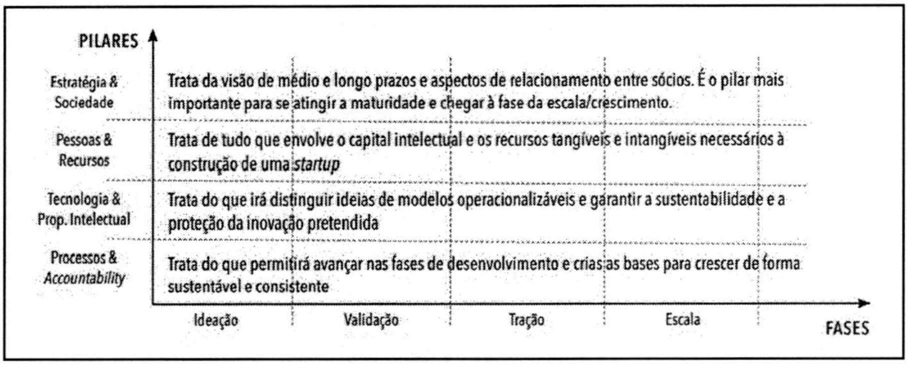

Fases e pilares da governança corporativa de *Startups*. IBGC. 2019.

Problemas com as recomendações do IBGC para *Startups*

Apesar da iniciativa do IBGC, que desde 2019 prontamente se atentou para a necessidade de recomendações de boas práticas de governança para *Startups*, estas ainda carecem de maior desenvolvimento face às características particulares desse novo tipo de empresa ágil e com cerne inovador. O primeiro ponto a ser desenvolvido é que as análises de maturidade são meramente quantitativas e avaliam nas *Startups* se os itens foram apresentados, mas não avalia sua qualidade técnica. O foco é na quantidade de documentos apresentados e não na efetividade, eficácia e eficiência prática e o alinhamento com ferramentas e sistemas de gestão de mercado. Outro ponto é o foco restrito nas recomendações de composição societária, definição de retiradas dos sócios, propriedade intelectual, ingresso de investidores, controles internos e apuração de resultados, mas sem menção aos fatores estratégicos de competitividade, análise de mercado, utilidade dos produtos ou serviços criados, perfil de gestão dos fundadores e capacidade de organização, planejamento e gestão para o crescimento sustentável.

Segundo pesquisa da Forbes e Fundação Dom Cabral sobre as causas de fracassos de *Startups*, outros fatores importantes também devem ser considerados além de fundadores, propriedade intelectual e investidores. A Forbes aponta como causa de mortalidade das *Startups* a criação de produtos e serviços que não servem ao mercado e a captação e retenção de clientes, enquanto a Fundação Dom Cabral aponta também a incapacidade técnica de gestão e adaptação ao mercado como fatores de fracasso de *Startups*.

Outro ponto identificado são os excessos de formalizações de acordos em fases iniciais do negócio, onde o foco ainda deveria ser na concepção da ideia e análises estratégicas de mercado. O risco é a *Startup* focar tempo em acordos burocráticos e complexos em fases do ciclo de vida da *Startup* onde nem a ideia nem a possível viabilidade mercadológica estão desenhadas ainda. Esse item, apesar de servir como cumprimento de conformidade com as recomendações, pode desviar o foco da inovação da *Startup* e transformá-la precocemente em uma empresa burocrática tradicional.

Marco Legal das *Startups*

Para alguns especialistas, o Marco Legal das *Startups*, sancionado sob a lei complementar nº 182 de primeiro de junho de 2021, trouxe vantagens para a regulamentação dos papéis dos investidores em empreendimentos inovadores, permitindo que o aporte de capital investido seja contabilizado pela empresa, aumentando a eficácia dos controles de investimentos pela Comissão de Valores Mobiliários, e definindo os limites dos investidores nas decisões de gestão e personalidade jurídica, todavia, flexibilizando os acordos de retiradas e ganhos de lucratividade. O Marco Legal das *Startups* traz, além de novas mudanças em regras legais para investimentos em empreendimentos inovadores, também a agilidade em regras para contratação pública de produtos e serviços inovadores das *Startups*, através da flexibilização de contratações em ambientes de cocriação de soluções inovadoras que resolvam problemas de instituições públicas e a remuneração por metas e resultados dos serviços prestados. Mas a nova lei não trata também de recomendações técnicas sobre a qualidade das atividades de gestão das *Startups*.

Criação do Modelo de Maturidade de *Startups*

Desde 2019, a empresa 3C Inovação, vem desenvolvendo um modelo de avaliação de maturidade de *Startups*, a partir da experiência dos sócios na liderança do projeto educacional do programa de aceleração Startup Rio, ligado à FAPERJ e UERJ. A partir das aulas ministradas para mais de 150 fundadores de *Startups*, somado às horas de mentoria e a experiência profissional dos sócios no mercado de gestão, estratégia, governança e tecnologia, foi desenvolvido e lançado em 2021 o Modelo de Maturidade de Startups (MMS). O MMS foi criado com os objetivos de elevar a maturidade das *Startups* através da capacitação dos fundadores em práticas de gestão e governança e fornecer uma ferramenta de avaliação da maturidade de gestão e governança da inovação para investidores e empresas interessadas em adquirir ou contratar *Startups*. Segundo análise de Steve Blank em seu livro "Manual do Empreendedor", o autor recomenda que uma *Startup* possua três estágios de evolução: ideação, prototipação e tração (BLANK, 2012). Após a tração, uma *Startup* (negócio inicial) passaria a ser denominada como *Scaleup* (negócio em escalação). Segundo os autores, uma *Scaleup* se aproximaria mais de uma empresa em crescimento, onde as práticas de gestão ambidestra, propostas por Tushman e O'reilly, dividem a gestão em dois estágios: gestão da inovação interna ou fechada e gestão da inovação aberta (TUSHMAN & O'REILLY, 2004). Portanto, uma *Startup* estaria mais voltada à inovação aberta quando cria novos produtos e serviços inovadores para o mercado, e quando a *Startup* capta clientes pagantes e cresce exponencialmente no mercado, deveria estar preocupada com gestão e inovação interna ou fechada para sustentação da gestão e operação da *Scaleup*.

Para efeitos de construção de um modelo de maturidade de *Startups*, consideraremos somente as fases de ideação, prototipação e tração para crescimento de um negócio inicial inovador. Entendemos que uma *Scaleup* já se enquadra em modelos de gestão e sustentação de negócios já existentes no mercado.

O MMS é dividido em três fases de ciclo de vida da *Startup*: ideação, prototipação e tração, que identificam onde a *Startup* encontra-se no momento da sua concepção. Uma ideia em desenvolvimento na fase de ideação somente pode ser considerada em "prototipação" quando possui um protótipo não funcional validado por potenciais clientes. Como protótipo não funcional, entende-se como um modelo de especificação da solução de um problema real do mercado resolvido através de um produto ou serviço idealizado e disponibilizado no formato de uma apresentação da jornada do cliente, do problema à solução, onde seja claramente visível que a proposta de solução é viável e possa ser desenvolvida na fase seguinte de prototipação. Na fase de prototipação o desenvolvimento do MVP (mínimo produto viável) é realizado. Uma ideia pode ser considerada passando de prototipação pra tração quando conseguiu clientes pagantes e o foco da *Startup* passará a ser conquistar mais clientes e conseguir "tracionar" o negócio através de receitas de vendas dos produtos ou serviços.

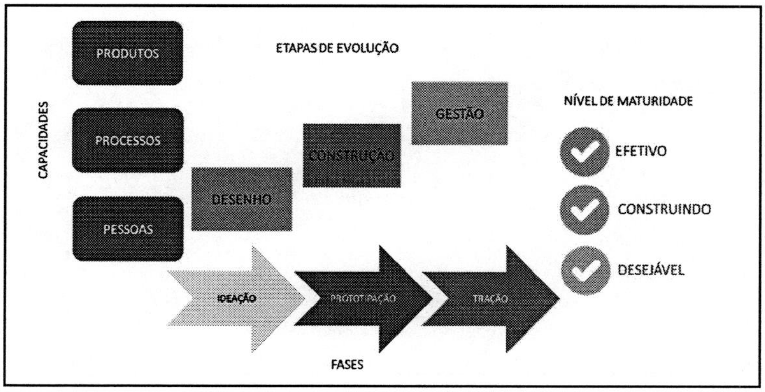

Modelo de Maturidade de Startups. Propriedade intelectual da 3C Inovação.

Para cada requisito verificado e atendido das fases do ciclo de vida e das capacidades, uma *Startup* pode ser classificada de acordo com a sua etapa de evolução e com seu nível de maturidade avaliado.

Paralelamente às fases do ciclo de vida, o MMS contempla três áreas de capacidades requeridas por um negócio: Produtos, Processos e Pessoas. Cada área de capacidade possui requisitos a serem desenvolvidos de acordo com a etapa do ciclo de vida e a evolução do negócio da *Startup*. Em produtos, são apresentados requisitos relacionados ao plano de marketing, modelo de negócios, planejamento estratégico e plano de vendas. Em processos são apresentados requisitos relacionados à gestão de infraestrutura, gestão de riscos, parcerias, planejamento e controle operacional de sustentação e crescimento e planejamento financeiro. Em pessoas são apresentados requisitos relacionados à identificação dos perfis e planejamento de desenvolvimento de habilidades dos fundadores, papéis e responsabilidades e planejamento de gestão de pessoas para definição de cultura e clima organizacional para suportar o crescimento da *Startup*.

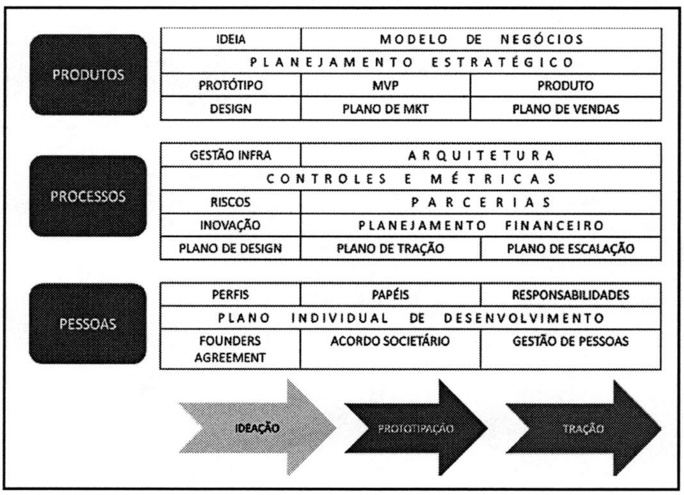

Modelo de Maturidade de Startups – Requisitos de áreas de capacidade por fases do ciclo de vida. Propriedade intelectual da 3C Inovação.

Cada requisito, relacionado a cada fase e área de capacidade possui atividades a serem executadas e comprovadas para ser considerado como requisito atendido. As avaliações variam de:

- Desejável: quando não há evidências do requisito da atividade sendo realizada;
- Construindo: quando há evidências do requisito da atividade sendo realizada, porém não está completo ou não é executado adequadamente em sua totalidade;
- Efetivo: quando todas as atividades requeridas estão sendo realizadas e estão evidenciadas de forma tangível através de resultados práticos.

Alguns requisitos estão relacionados a mais de uma fase do ciclo da *Startup*, pois contemplam atividades que começam em um ciclo, mas amadurecem em complexidade e também são realizados no ciclo seguinte, como é o exemplo do modelo de negócios na área de "Produtos" e também do plano individual de desenvolvimento na área de "Pessoas". Os requisitos e atividades propostas evoluem de acordo com a etapa do ciclo de vida, sendo mais elaborados, complexos e exigentes nas etapas seguintes.

Referências Bibliográficas

Amazon, Apple e Google são as marcas mais valiosas do mundo. Economia UOL. 2021. Disponível em:<https://economia.uol.com.br/noticias/redacao/2021/06/21/amazon-apple-e-google-sao-as-marcas-mais-valiosas-do-mundo-aponta-estudo.htm>

As cinco piores bolhas da história da economia – e por que elas ainda assustam. BBC News. 2017. Disponível em: <https://www.bbc.com/portuguese/geral-42418028>

Bolha da internet. Warren Blog. 2021. Disponível em: <https://warren.com.br/blog/bolha-da-internet/>

Brasil tem 20 startups avaliadas em US$1 bilhão. CNN Brasil. 2021. Disponível em: <https://www.cnnbrasil.com.br/business/brasil-tem-20-startups-avaliadas-em-1-bilhao-dolares-as-chamadas-unicornios/>

BROWN, T. Design Thinking: uma metodologia poderosa para decretar o fim das velhas ideias. Alta Books. 2010.

BRUNNERMEIER, M. Asset Pricing Under Asymmetric Information: Bubbles, Crashes, Technical Analysis and Herding. Oxford University Press. 2001.

CHRISTENSEN, C. The Innovator's Dilemma: When New Technologies Cause Great Firms to Fail. Harvard Business School. 1997.

CHRISTENSEN, C & BOWER, J. Disruptive Technologies: Catching the Wave. Harvard Business Review. 1995.

Como se formam as bolhas financeiras. Forbes. 2021. Disponível em: https://forbes.com.br/forbes-money/2021/07/como-se-formam-as-bolhas-financeiras/>

Companhias que não se transformam enfrentam mais chances de sumirem. McKinsey. 2018.

Digital TransformationSurvey. Wipro. 2019.

Falso antagonismo entre grandes empresas e startups. Revista Isto é Dinheiro. 2016.

FELTON, N. Consumption Spreads Faster Today. New York Times. 2008. Disponívelem: <https://www.nytimes.com/2008/02/10/opinion/10cox.html?ex=1360299600&en=9ef4be7de32e4b53&ei=5090&partner=rssuserland&emc=rss&pagewanted=all>

Future Consumer Index: Brazil Highlights. EY Phartenon. 2020.
Gadgets atuais são mais potentes que sistema da NASA que levou o homem à Lua. Tecmundo. 2014. Disponível em: <https://www.tecmundo.com.br/tecnologia/58029-gadgets-atuais-potentes-sistema-nasa-que-levou-homem-lua.htm>

Governança Corporativa em Startups e Scale-ups: Práticas e Percepções. IBGC. 2019.RIES, E. A Startup Enxuta. Sextante. 2019.

Guidelines for multinational enterprises: Global instruments for corporate responsibility. OECD. 2001.

How to Identify and Build Disruptive New Business. MIT Sloan Management Review. 2002.

Incubadora e aceleradora – Qual a diferença entre elas? Sebrae. 2014. Disponível em: <https://www.sebrae.com.br/sites/PortalSebrae/artigos/entenda-a-diferenca-entre-incubadora-e-aceleradora,761913074c0a3410VgnVCM1000003b74010aRCRD>

IPO de startup: confira os principais do Brasil e do mundo. Fintech. 2021. Disponível em: <https://fintech.com.br/blog/startup/startup-ipo/>

KOTLER, P. Marketing para o Séc. XXI. Nova Fronteira. 2013.
Nubank levanta 400 milhões e atinge avaliação de gigantes. Revista Época Negócios. 2021.

O Boom dos Bancos Digitais. Diário do Comércio. 2021. Disponível em: https://diariodocomercio.com.br/opiniao/o-boom-dos-bancos-digitais/

O Estouro da bolha pontocom que quebrou mais de 500 empresas e é uma assombração até hoje. Infomoney. 2020. Disponível em: <https://www.infomoney.com.br/mercados/o-estouro-da-bolha-pontocom-que-quebrou-mais-de-500-empresas-e-e-uma-assombracao-ate-hoje/>

Organizações Ambidestras. Revista GV Executivo. Fundação Getúlio Vargas. 2018.

Qual será a próxima bolha financeira. Infomoney. 2021. Disponível em: <https://www.infomoney.com.br/colunistas/um-brasil/qual-sera-a-proxima-bolha-financeira/>

ROSSETTI, J & ANDRADE, A. Governança Corporativa: Fundamentos, desenvolvimento e tendências. Atlas. 2011.
Relatório Tendências do RH em 2020. GPTW. 2019.

ROCHA, R. Como se formam as bolhas financeiras. Forbes. 2021. Disponível em: <https://forbes.com.br/forbes-money/2021/07/como-se-formam-as-bolhas-financeiras/>

Rodada de investimento: qual a chance de uma startup ir do série A à série E? Distrito. 2020. Disponível em: <https://distrito.me/rodada-investimento-seed-series-a/>

SCHWAB, K. A Quarta Revolução Industrial. Edipro. 2018.

Startups bilionárias que não dão lucro: até quando? TI Inside. 2020. Disponível em: <https://tiinside.com.br/03/02/2020/startups-bilionarias-que-nao-dao-lucro-ate-quando/>

Startup: Manual do Empreendedor. B.Dorf& S. Blank. Alta Books. 2014.

TOBLER, R & BITTENCOURT, V. Empresas acreditam que mudanças vieram pra ficar. FGV. 2020.

TUSHMAN, M & O'REILLY, C. The Ambidextrous Organization. Harvard Business Review. 2004.

The Pace of Technology Adoption is Speeding-up. Harvard Business Review. 2013.

Unicórnios de bolso vazio: empresas que valem bilhões sem nunca lucrarem. Computerworld. 2019. Disponível em: <https://computerworld.com.br/negocios/unicornios-de-bolso-vazio-empresas-que-valem-bilhoes-sem-nunca-lucrarem/

What a Startup can Teach a Fortune 500 Company. Forbes. 2019.

Capítulo 5

Criação de Soluções Tecnológicas e Inovadoras: o caso do projeto Sebrae *Startup Win Ideação*

Marília de Sant'Anna Faria
Administradora e Doutora em Meio Ambiente (UERJ)

Introdução

As mudanças ocorridas nos últimos anos, principalmente com a pandemia, impulsionaram a criação de empresas de base tecnológica. Além disso, aceleraram a digitalização dos pequenos negócios. Em 2021, houve um recorde de formalização com o registro de mais de 3,9 milhões de empresas e de microempreendedores individuais, conforme dados do Serviço Brasileiro de Apoio às Micro e Pequenas Empresas (Sebrae). Em relação a 2020 o aumento foi de quase 20%, e em comparação a 2018, o crescimento foi de 53,9% de cadastros nacionais de pessoas jurídicas (CNPJ). Nesse sentido, para atender as demandas emergentes do mercado têm nascido as *startups*. O termo apresenta vários conceitos. De acordo com o Sebrae (2019):

> Startup é uma ideia de empresa ou uma empresa nascente voltada à tecnologia e inovação que tenha como objetivo desenvolver e aprimorar um modelo de negócio. As startups têm capacidade de desenvolver produto ou serviço inovador. Para que obtenha crescimento potencial é indispensável elaborar ações de planejamento, gestão e execução do negócio (Sebrae, 2019).

O Sebrae (2014, p. 62) destaca: "Existe uma definição que parece satisfazer especialistas e investidores, que é a de que uma startup é um grupo de pessoas à procura de um Modelo de Negócios repetível e escalável, trabalhando em condições de extrema incerteza". Já a Associação Brasileira de Startups (ABS Startups) define:

> Startup é uma empresa que nasce a partir de um modelo de negócio ágil e enxuto, capaz de gerar valor para seu cliente resolvendo um problema real, do mundo real. Oferece uma solução escalável para o mercado e, para isso, usa tecnologia como ferramenta principal (ABS Startups, 2022).

No cenário mundial Steve Blank e Eric Ries são dois estudiosos, referências na temática. Blank (2014) define *startup* como: "Uma organização que é formada para procurar um modelo de negócio repetível e escalável". Para Ries (2018): "Uma startup é uma instituição humana desenhada para criar um produto ou serviço em condições de extrema certeza".

No Brasil, o governo federal criou o Inova Simples, regime especial simplificado para as empresas que as autodeclaram como startups, por meio da Lei Complementar 167/2019. O Art. 65-A da Carta Magna apresenta as seguintes classificações de startup:

> § 1º Para os fins desta Lei Complementar, considera-se startup a empresa de caráter inovador que visa a aperfeiçoar sistemas, métodos ou modelos de negócio, de produção, de serviços ou de produtos, os quais, quando já existentes, caracterizam startups de natureza incremental, ou, quando relacionados à criação de algo totalmente novo, caracterizam startups de natureza disruptiva.

> § 2º As startups caracterizam-se por desenvolver suas inovações em condições de incerteza que requerem experimentos e validações constantes, inclusive mediante comercialização experimental provisória, antes de procederem à comercialização plena e à obtenção de receita. (BRASIL, 1988, Art.65-A).

É importante ressaltar que o caráter inovador e tecnológico pode ser verificado nas definições apresentadas. Cabe mencionar também a diferença entre uma *startup* e uma empresa tradicional. De acordo com Cambridge (2022), a tradução da palavra startup para o português compreende: "Um pequeno negócio que acabou de ser iniciado". Portanto, de acordo com essa definição pode-se verificar que do ponto de vista que trata sobre a forma contábil e jurídica não existe diferença, visto que pode ser classificada como uma micro ou pequena empresa. Porém, as principais diferenças podem envolver o caráter inovador, o modelo de negócios e a validação do mercado (SEBRAE, Encontro 1, p. 65).

Aulet (2018) cita que existem dois tipos de empreendedorismo, um para pequenas e médias empresas e outro para empresas voltadas à inovação. O primeiro tipo é voltado para "atender a um mercado local e cresce para ser um negócio pequeno ou médio que atende a esse mercado". Nesse caso, a inovação não é importante para o crescimento ou para adquirir vantagem competitiva. Já o segundo, envolve algum tipo de inovação e o aumento da vantagem competitiva. Além disso, os empreendedores buscam extrapolar os mercados locais, ou seja, visam potenciais mercados regionais ou globais. Logo, para o autor, o foco em mercados locais é uma das principais diferenças. (AULET, 2018, p. 6). O autor também discorre que pequenas e médias empresas normalmente crescem em uma taxa linear. "Quando se coloca dinheiro na empresa, o sistema (receita, fluxo de caixa, trabalho etc.) responde rapidamente de uma maneira positiva". (AULET, 2018, p. 7). No entanto, empresas voltadas à inovação precisam de mais investimento. Esse tipo de negócio inicia perdendo seus recursos financeiros, porém, se conseguir obter resultados o crescimento é "exponencial", conforme Tabela 1.

Tabela 1: Tabela do Empreendedorismo para empresas pequenas e médias vs. Empreendedorismo de empresas voltadas à inovação.

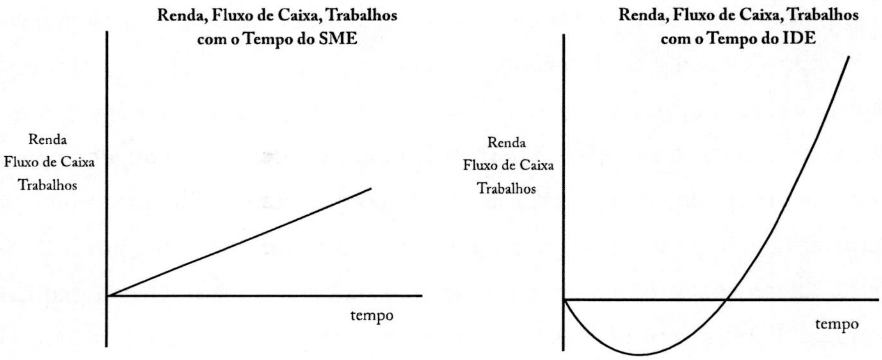

Fonte: Aulet (2018, p. 7).

Startups no Brasil

No Brasil existem, aproximadamente, 53,4 milhões de empreendedores. Em 2020, conforme estudo do *Global Entrepreneurship Monitor* (GEM). A taxa de empreendedorismo apresentada foi de 38,7% da população adulta. Cerca de 32 milhões (23%) eram de empreendedores em estágio inicial. Cabe destacar que 50% passaram a empreender por necessidade. Destes, 82% foram motivados por "Ganhar a vida porque os empregos são escassos". A pesquisa apontou ainda que ter o próprio negócio é o segundo maior sonho do brasileiro. Em comparação com outros 45 países, o Brasil apresenta a 7ª maior taxa de "Empreendedorismo Inicial do mundo" (GEM, 2020).

Segundo a ABS (2022) existem 13.884 startups no país. Destas, cerca de 7%, 1.072 encontram-se no estágio de Ideação. São Paulo é o estado que registra a maior concentração com 4.054 startups. Destas, 2.785 estão localizadas na cidade de São Paulo. A cidade do Rio de Janeiro é a segunda maior com 731 empresas nascentes. Com relação ao mercado de atuação: 9% são de educação; 8% de outros setores; 6% de finanças; 6% de saúde e bem-estar; 5% de *internet*; 5% de comércio eletrônico; 4% de varejo e atacado, entre outros.

Fase de Ideação

Conforme a ABS (2019) existem quatro fases de uma recém-criada empresa de base tecnológica: 1. Ideação; 2. Operação; 3. Tração e *Scale-up*. A fase de ideação, objeto do presente artigo, compreende o desenvolvimento de ideias. Nessa etapa, é importante buscar metodologias específicas para responder uma série de questionamentos, tais como: "Quem é o meu cliente?; Eu sei explicar profundamente o meu produto?; Como explico para meu público-alvo o que quero alcançar?; e Como falo para os meus clientes quais dores de cada um deles eu soluciono?". De modo que uma ideia precisará ser validada e deverá passar por várias transformações até se chegar a um modelo de negócios com seu protótipo ou produto definido.

Clark (2013) discorre: "Novos modelos de negócios estão alterando os locais de trabalho em todo o lugar, em setores lucrativos e não lucrativos de forma semelhante. As empresas devem constantemente avaliar e alterar seus modelos de negócios para sobreviverem". (CLARK, 2013, p. 22). De acordo com o Sebrae (2019) esse período corresponde a: "Etapa da ideia, um momento de validação focado no aprendizado. A agilidade e o baixo custo devem prevalecer para o negócio se concretizar".

Para Waengertner (2018) nessa fase são identificadas hipóteses que "podem ter impacto no negócio" e por isso devem ser validadas. Para o autor, o estágio de Ideação deve seguir o método de prototipação e entrevistas com potenciais clientes. Para isso, torna-se importante medir a evolução por meio dos resultados obtidos com as validações. Já o estágio de experimentos compreende a "criação de testes reais com clientes/usuários utilizando um MVP (mínimo produto viável)".

Estudo de caso: Sebrae Startup Win Ideação

Para atender a demanda de potenciais empreendedores, microempreendedores individuais e empresários de micro e pequenas empresas, em 2018, o Serviço de apoio às micro e pequenas empresas no estado do Rio de Janeiro (Sebrae/RJ) criou o programa de pré-aceleração Sebrae Startup Win Ideação. Este tem como objetivo estimular iniciativas empreendedoras em fase de ideação que apresentem soluções inovadoras para os principais desafios de mercado com potencial de crescimento. Desde 2013, a instituição disponibilizava o curso de criação de startup[1]. No entanto, não havia um programa de pré-aceleração que acompanhasse toda a jornada de criação de uma startup. Dessa forma, o presente artigo compreende o estudo do projeto Sebrae Startup Win Ideação executado no período de outubro de 2020 a junho de 2021. Nesse período foram capacitadas 04 (quatro) turmas de pré-aceleração, com cinquenta e sete startups e noventa participantes.

Pré-aceleração Startup Win Ideação

A duração da pré-aceleração foi de04 (quatro) meses. A instituição abriu o processo seletivo por meio do edital intitulado Chamada pública para seleção

[1] Realizado em três encontros de 08 (oito) horas, normalmente aos sábados, com carga horária de 24 horas.

de startups para participação no projeto "Startup Win Ideação - 2020". Os candidatos preencheram um formulário de inscrição disponibilizado no sítio da empresa. A seleção foi feita com base em três indicadores: a) Modelo de negócios inovador; b) Relevância da tecnologia e/ou escalabilidade; c) Ideia de negócio. A listagem com as startups aprovadas foi divulgada no sítio. Cada uma deveria efetuar o pagamento no valor total de R$ 283,00 (duzentos e oitenta e três reais). Cabe destacar que esse valor é subsidiado pelo Sebrae/RJ[2].

As atividades foram definidase apresentadas no edital, no item "Cronograma de execução". Para melhor aproveitamento, cada turma foi composta por até 15 (quinze) startups. Cada startup teve até 02 (dois) representantes. A participação nas atividades foi feita pelo representante legal do negócio ou por pessoa por ele indicada, desde que também possuísse poder de decisão na startup. Cabe destacar que no período da pandemia, as atividades foram realizadas de forma remota em ambientes digitais.

Metodologia e materiais

A metodologia foi criada com base em programas nacionais e internacionais de aceleração de startup, somada à experiência adquirida no atendimento a esse público desde 2013. Compreendeu uma trilha que se iniciou com o curso "Criação de startup" com foco no *Business Model Canvas*, ou seja, o Quadro de modelo de negócio. No período do curso, os participantes tiveram consultorias de modelagem e validação de negócios. Após o curso, tiveram a oficina de Pitch Eficaz e os seminários temáticos[3]. As startups concluintes foram convi-

---

[2] O Sebrae/RJ subsidia o projeto com 96% do valor total.

[3] Os temas foram definidos conforme demanda dos participantes – Validação e como conseguir investidores.

dadas para participar de rodadas e sessões de negócios[4] com potenciais investidores, parceiros e clientes. Para aplicação da metodologia foram desenvolvidos materiais específicos para composição das trilhas: livros dos participantes, livros do educador, quadros, catálogo e *e-books*[5] (Quadro 01). Os participantes receberam os arquivos em versão digital enviada por correio eletrônico.

Quadro 01: Materiais elaborados

MATERIAL	TIPO
Startups Digitais: da Ideia do modelo de negócio inovador	Livro 1 - Ideia e Visão – Manual do participante
	Livro 1 - Ideia e Visão – Manual do Educador
	Livro 2 – Estratégia – Manual do participante
	Livro 2 – Estratégia – Manual do Educador
	Livro 3 – Produto – Manual do participante
	Livro 3 – Produto – Manual do Educador
Quadro	Quadro1: Canvas
	Quadro2: Estratégia
	Quadro3: Produto
Catálogode startups	Catálogo com informações de startups participantes
E-books	Criação de Startup
	Modelagem de Negócios
	Validação de Negócios
	Mínimo produto viável (MVP)
	Pitch Eficaz

[4] Foram promovidas sessões ou rodadas de negócios dos setores: varejo, beleza, turismo e logística.

[5] Livros eletrônicos.

Atividades promovidas

A pré-aceleração foi composta por uma trilha com as seguintes atividades: curso, seminários, oficina, consultorias, sessão ou rodada de negócios e *demoday* (evento final de apresentação das startups). Para fins de atendimento, foram promovidas atividades coletivas e individuais. As capacitações coletivas foram promovidas em 40 (quarenta) horas contemplando:

a. Curso Criação de Startup - 24 horas;
b. Seminários temáticos – 04 horas;
c. Oficina de Pitch Eficaz – 04 horas;
d. Demoday – 04 horas;
e. Sessão ou Rodada de negócios – 04 horas.

Já as consultorias individuais (para cada startup) foram oferecidas em 16 (dezesseis) horas. Cada startup recebeu consultoria das seguintes temáticas:

a. Modelagem de negócios - 04 horas;
b. Validação de negócios - 08 horas;
c. Pitch[6] Eficaz - 04 horas.

Carga horária

Ao todo, cada startup teve carga horária de 56 (cinquenta e seis) horas distribuídas da seguinte forma: 40 (quarenta) horas de consultoria coletiva e 16 (dezesseis) horas de consultoria Individual, conforme Quadro 02.

[6] Termo em inglês que compreende uma breve apresentação.

Quadro 02: Atividade (para cada startup)

Atividade (para cada startup)	Carga horária
Capacitações Coletivas	40
Consultorias Individuais (para cada startup)	16
Total	**56**

Fonte: Elaborado pela autora (2022).

Cada turma com até 15 (quinze) startups teve carga horária de 280 (duzentos e oitenta) horas, distribuídas da seguinte forma: 40 horas de consultoria coletiva e 240 (duzentos e quarenta) horas de consultoria Individual (16 horas para cada startup X 15 startups).

Quadro 03: Atividade – Turma com até 15 startups

Atividade – Turma com até 15 startups	Carga horária
Capacitações Coletivas	40
Consultorias Individuais (para cada startup) 16 horas X 15 startups	240
Total	280

Fonte: Elaborado pela autora (2022).

Startups elegíveis

De acordo com as condições estabelecidas no edital, foram consideradas aptas a participar do projeto, startups situadas no estado do Rio de Janeiro desde que atendessem, obrigatória e cumulativamente, aos seguintes critérios: a) potenciais empreendedores; b) microempreendedores individuais; c) micro e pequeno empresário. Além disso, deveriam possuir os seguintes requisitos:

a. Possuir uma ideia e/ou projeto que contemple produto e/ou serviço inovador (desenvolvimento e validação da ideia);
b. Estar enquadrada como um projeto de base tecnológica;
c. Apresentar aderência à sociedade, isto é, ser aplicável como solução escalável.

Processo seletivo

O processo de seleção considerou a soma das pontuações nos seguintes critérios relacionados a seguir:

a. Modelo de Negócio Inovador

Entende-se como "Negócio Inovador" aquele que introduz qualquer novidade ou aperfeiçoamento no ambiente produtivo e social que resulte em novos produtos, serviços e/ou processos, ou que compreenda a agregação de novas funcionalidades ou características a produto, serviço ou processo já existente que possa resultar em melhorias e em efetivo ganho de qualidade ou desempenho, assim como novas formas de comercialização e oferta de produtos, considerados importantes para o alcance dos resultados propostos pelo projeto.

- Não inovou em produto, serviço, processo ou modelo de negócio - **0 (zero) ponto;**
- Já inovou em pelo menos 01 (um) produto, processo, serviço ou modelo de negócio no último ano - **01 (um) ponto;**
- Já inovou em 02 (dois) ou mais produtos, processos, serviços ou modelos de negócio no último ano – **02 (dois) pontos.**

Comprovação: apresentar comprovação se já inovou em um ou mais de um produto, processo, serviço ou modelo de negócio no último ano.

b. Relevância da tecnologia e/ou escalabilidade

Entende-se como "Escalabilidade" (modelo de negócio escalável) aquele que possui a capacidade de aumentar seus ganhos financeiros e de clientes, sem que para isso aumentem as despesas ou realize grandes investimentos em infraestrutura física e recursos humanos, na mesma proporção.

- Apresenta baixa relevância tecnológica e/ou escalabilidade – **01 (um) ponto;**
- Apresenta médio grau de relevância tecnológica e/ou escalabilidade – **02 (dois) pontos;**
- Apresenta médio ou alto grau de relevância tecnológica e/ou escalabilidade - **03 (três) pontos.**

Comprovação: apresentar evidência que possua informações que permitam avaliar a escalabilidade do negócio, comparando o número de clientes e/ou faturamento com os custos de forma que não aumente os custos na mesma proporção.

a. Ideia de Negócios:

A "Ideia de Negócio estruturada", para fins deste critério é aquela que descreve de forma clara e detalhada o que se oferece (proposta de valor), para quem se oferece (segmento de cliente) e sua área de atuação, descrito no formulário de inscrição:

- Apresenta ideia de negócio, porém não estruturada e não sabe a área de atuação – **1 (um) ponto;**
- Apresenta ideia de negócio, porém não estruturada, sabendo a área de atuação – **02 (dois) pontos;**
- Apresenta ideia de negócio estruturada, com abordagem de um problema

relevante, frequente e ainda não resolvido plenamente, sabendo a área de atuação – **03 (três) pontos**.

Comprovação: apresentar evidência de ideia de negócio estruturada, conforme descrita no formulário de inscrição.

Em caso de empate, foi computada em dobro a pontuação do critério **"Modelo de Negócio Inovador"**. Se ainda houvesse empate, a pontuação seria computada em dobro considerando o critério **"Relevância da tecnologia e escalabilidade"**. Porém se ainda assim permanecesse o empate, seria computada em dobro a pontuação do critério **"Ideia de Negócios"**.

Cronograma de execução

Projeto "STARTUP WIN IDEAÇÃO – CIDADE DO RIO DE JANEIRO – 2020",	2020				2021					
	Set	Out	Nov	Dez	Jan	Fev	Mar	Abr	Mai	Jun
Inscrições	X	X								
Divulgação do resultado		X								
Pagamento da contrapartida		X								
Curso Criação de Startup - Encontro 1		X								
Consultoria 1 - Modelagem de negócio		X								
Curso Criação de Startup - Encontro 2		X								
Consultoria 2 - Validação de negócios			X							
Curso Criação de Startup - Encontro 3				X						
Consultoria 3 - Validação de negócios				X						
Oficina Pitch Eficaz						X				
Consultoria 4 - Pitch Eficaz						X				
Demo Day						X				
Mapeamento do ecossistema de startup do RJ				X	X	X	X	X		
Seminário temático 1							X			
Seminário temático 2								X		
Sessão ou Rodada de negócios									X	
Avaliação final										X

Fonte: Elaborado pela autora (2022).

Perfil dos participantes

Startups inscritas X Startups selecionadas

Essa Chamada pública teve 96 (noventa e seis) startups inscritas. Foram selecionadas 57 (cinquenta e sete). Assim, no período de outubro de 2020 a junho de 2021 foram promovidas 04 (quatro) turmas do programa de pré-aceleração, contando com a participação de 90 (noventa) empreendedores, conforme Quadros 04 e 05.

Quadro 04: Startups inscritas X Startups selecionadas

Startups inscritas X Selecionadas	**2020**
Startups inscritas no edital	96
Startups selecionadas/participantes do Projeto	**57**

Fonte: Elaborado pela autora (2022).

Quadro 05: Gênero dos empreendedores.

Gênero dos Empreendedores	**2020**
Homem	47
Mulher	43
Número de participantes	**90**

Fonte: Elaborado pela autora (2022).

Pode-se verificar que 52% dos participantes eram do sexo masculino. Conforme estudo do GEM (2020), no cenário mundial, o número de homens que empreende é o dobro de mulheres. Cabe destacar que a participação feminina de 48% no Startup Win Ideação foi expressiva em comparação a média global.

Quadro 06: Escolaridade (No. de participantes)

Escolaridade	**2020**
Especialização	33
Superior Completo	29
Médio completo e Superior incompleto	19
Fundamental completo e Médio incompleto	03
Outros	06
Número de empreendedores	**90**

Fonte: Elaborado pela autora (2022).

Também foi expressiva (69%) a participação de empreendedores com escolaridade Superior completo e Especialização. Com relação à escolaridade, a pesquisa GEM (2020) identificou que "a maior incidência de criação de empresas (nascentes) está na população com o ensino médio completo, com 13,2%, seguida da população com o nível superior completo, com 12,8%, ficando o grupo sem educação formal com uma taxa de participação de 5,9%". Portanto, a média apresentada na pré-aceleração supera os índices nacionais. O estudo também discorre que o alto grau de escolaridade contribui para a manutenção e sobrevivência das empresas.

Quadro 07: Inscritos por região do estado do RJ

Inscritos por Região	**2020**
Petrópolis	17
Rio de Janeiro	12
Médio Paraíba	08
Norte	07
Leste Fluminense	05
Nova Friburgo	04
Centro Sul	03
Baixada	01
Total	57

Fonte: Elaborado pela autora (2022).

Uma das condições de participação era o participante estar sediado no estado do Rio de Janeiro. Foram registrados participantes de 18 cidades fluminenses. Tal aspecto retrata a interiorização e o aumento do interesse na temática digital, antes concentrada em sua maior parte, na capital do estado. Petrópolis, região serrana, teve o maior número de inscritos e se destacou por já promover programas e iniciativas empreendedoras, tais como: Serra Tec[7] e o Laboratório Nacional de Computação Científica (LNCC), com atuação nas áreas de tecnologia de medicina assistida por computação; modelagem computacional em reservatórios de petróleo, águas subterrâneas e captura de CO2; modelagem molecular; bioinformática; entre outros.

[7] Parque tecnológico da região serrana (http://serratec.org/).

Quadro 08: Setores das startups (No. de startup)

Setores das Startups	2020
Educação	13
Petróleo	08
Turismo	08
Saúde	07
Varejo	06
Construção Civil	05
Finanças/Jurídico	04
Alimentos	02
Agrícola	02
Games	01
Moda	01
Total	57

Fonte: Elaborado pela autora (2022).

Como a pré-aceleração ocorreu no período da primeira onda da pandemia, pode-se registrar que a maioria das startups era dos setores de educação, petróleo, turismo, saúde e varejo. As startups desenvolveram soluções para áreas de forte vocação empresarial no estado do Rio de Janeiro.

Quadro 09: Estágio de desenvolvimento (No. Startups)

Estágio de Desenvolvimento	2020
Só ideia	10
Ideia em fase de Validação	10
Ideia com algum planejamento	20
Pesquisa estruturada buscando investidor	04
Pesquisa estruturada sem faturamento	06
Pesquisa estruturada com faturamento	07
Total	**57**

Fonte: Elaborado pela autora (2022).

É válido mencionar que, aproximadamente, 52% das startups já tinham alguma ideia ou em fase de validação ou em fase de planejamento. Nas avaliações finais pode-se identificar que os participantes buscaram conhecer novas ferramentas e metodologias específicas para tornar a ideia um produto ou serviço inovador.

Quadro 10: Modelo de negócio inovador (No. Startups)

Modelo de Negócio Inovador	2020
Não inovou em produto, serviço, processo ou modelo de negócio	20
Já inovou em pelo menos 01 (um) produto, processo, serviço ou modelo de negócio no último ano	23
Já inovou em 02 (dois) ou mais produtos, processos, serviços ou modelos de negócio no último ano	14
Total	**57**

Fonte: Elaborado pela autora (2022).

Ao serem perguntadas sobre o modelo de negócio inovador que a startup detinha (ou não), cerca de 64% responderam que tinham inovado em pelo menos um ou dois processos, serviços ou modelos de negócio no último ano. Aproximadamente, 35% não inovaram e se interessaram em participar da pré-aceleração.

Quadro 11: Relevância da tecnologia e/ou escalabilidade(No. Startups)

Relevância da Tecnologia E/Ou Escalabilidade	2020
Apresenta baixa relevância tecnológica e/ou escalabilidade	0
Apresenta médio grau de relevância tecnológica e/ou escalabilidade	10
Apresenta médio ou alto grau de relevância tecnológica e/ou escalabilidade	47
Total	**57**

Fonte: Elaborado pela autora (2022).

Ao serem questionados sobre a relevância da tecnologia e/ou escalabilidade, é interessante destacar que 82% dos empreendedores informaram que apresentaram médio ou alto grau de relevância tecnológica e/ou escalabilidade. Isto é, as soluções propostas para a pré-aceleração eram expressivas para a sociedade. Além disso, tinha alto grau de serem replicadas conquistando mercados globais.

Avaliação dos resultados

As startups selecionadas participaram de pesquisas para verificar os resultados obtidos com a pré-aceleração. As medições foram feitas em 02 (dois) momentos distintos: a primeira no início (T0), e a segunda ao final do projeto. O método de coleta de dados foi o questionário aplicado de forma *online* pelo sistema QuestionPro[8], enviado por e-mail e WhatsApp pelo Núcleo de Estudos e Pesquisa (NEP). O universo da pesquisa foi de 68 (sessenta e oito) participantes e a amostra teve 28 (vinte e oito) respondentes. O período de referência dos dados foi desetembro de 2020 a junho de 2021; e o período de realização da pesquisa foi de 03 de setembro a 06 de novembro de 2021. A medição foi feita com base nos seguintes indicadores: a) Pequenos negócios formalizados; b) Startups com produtos/serviços novos ou aperfeiçoados.

Resultados alcançados

No que diz respeito ao item "Pequenos negócios formalizados", pode-se verificar na pesquisa T0, que 29% dos participantes já eram formalizados, ou seja, possuíam o Cadastro Nacional de Pessoas Jurídicas (CNPJ); e 18% se formalizaram em julho de 2020 ou após o término do ciclo de pré-aceleração. Já com relação ao item "Empresas com produtos/serviços novos ou aperfeiçoados", a pesquisa constatou que 71% das startups criaram ou aperfeiçoaram algum produto e/ou serviço. Na avaliação qualitativa desse item merecem destaque as seguintes respostas:

"_Começamos a desenvolver nosso site/aplicativo, aumentamos as postagens do Instagram, divulgamos mutirões de limpeza e ações sustentáveis e estamos conseguindo algumas parcerias para projetos ambientais".

"_ O sistema recebeu aplicativos para IOS e ANDROID, e aperfeiçoou os processos de gamificação nos produtos".

"_ Rastreabilidade é a capacidade de conhecer todo o caminho de uma determinada matéria-prima, desde sua origem até o produto final. Desenvolvemos automação de todo processo produtivo e logístico, atendemos as diversas legislações regulatórias do setor. Entregamos dashboard, indicadores e painéis

[8] Software utilizado pelo Núcleo de Estudos e Pesquisa do Sebrae/RJ.

que auxiliam a tomada de decisão e medir níveis de desempenho, chegamos a identificar os casos de *recall*. Colocamos inteligência na operação".

"_Aperfeiçoamos nosso produto principal (Gestão Financeira Online) e desenvolvemos 2 novos produtos (Vale Digital e E-commerce)".

"_Desenvolvemos o hardware e o aplicativo que compõem nossa solução".

Participação e impacto das ações para o negócio

Ao serem indagados sobre "Como você classifica sua participação e envolvimento nas ações do projeto?", cerca de 67% dos participantes consideraram sua participação e envolvimento como alta ou muito alta. Sobre o impacto das ações para o negócio, 78% dos participantes classificaram que as ações tiveram um impacto alto ou muito alto para a sua startup. Aproximadamente, 93% dos participantes avaliaram sua satisfação com o projeto Sebrae Startup Win Ideação como ótimo ou bom.

Startups que se destacaram

É importante mencionar algumas startups que tiveram resultados expressivos ao participar do Sebrae Startup Win Ideação.

- **Otacom** – Geração de 85 (oitenta e cinco) propostas no prazo de dois meses, para indústrias farmacêuticas, distribuidoras de remédios e indústrias frigoríficas. Fechou contrato com o Serviço Autônomo de Água e Esgoto de Três Rios (SAAETRI) para projeto de rastreabilidade da água.
- **Safe Speed System** - Desenvolveu 04 versões de produto, mas a estrutura do modelo de negócios e a prototipação foram cruciais durante a pré-aceleração. Fechou a primeira venda de 50 unidades para uma prefeitura entrando no modelo B2G.
- **Shopping dos Famosos** – Plataforma para conexão dos famosos com os fãs.

- **Isíndicos**– único aplicativo do Brasil que conecta síndicos a fornecedores.
- **Gestão na mão** – aplicativo que auxilia o gerenciamento de consultórios e serviços médicos. Firmou contrato com Sindicato de Médicos do Pará e Conselho Federal de Medicina.
- **Togethe**r - solução destinada a"cuidar" de outra pessoa, em especial a parte da gestão dos remédios, das cuidadoras e de grupos de apoio.
- **H4 Money** – Plataforma de gestão financeira que estruturou o modelo de negócios e a busca de parcerias.
- **Reciclotron**– validação e busca de parcerias. Firmou parceria com a Secretaria de Meio Ambiente e de Ciência e Tecnologia da cidade do RJ para execução do projeto Copa Rio - torneio de coleta de resíduos eletrônicos que engaja os participantes.
- **Pudim** – auxilia na programação de passeios ou viagens conforme necessidades dos clientes. Ganhou Prêmio de Inovação no Turismo – SP.

Considerações finais

A inovação tecnológica ocupa cada vez mais um papel importante para o empreendedorismo mundial. O Brasil é um dos países que se destacam na criação de novos negócios. Empresas que apresentam alto crescimento com soluções para os principais desafios de mercado estão ocupando lugares expressivos e conquistando investidores, parceiros e governos (GEM, 2020).

De acordo com dados da ABS (2022), o estado do Rio de Janeiro ocupa o 4º. lugar no índice nacional de startups. Nesse sentido, o Sebrae Startup Win Ideação, no ciclo estudado, compreendeu o atendimento a 57 startups, ou seja, cerca de 8% das empresas nascentes do estado. O presente estudo mostrou que a metodologia criada pelo Sebrae/RJ possibilitou que ao longo de 04 (quatro) meses a maior parte das ideias fossem "retiradas" do papel e se tornassem um protótipo ou um produto validado lançado no mercado. O apoio prestado por analistas, consultores, empresários de micro e pequenas empresas foi apontado como pontos positivos para a validação e análise das soluções lançadas.

De acordo com o GEM (2020), na visão dos especialistas, para incentivar o empreendedorismo um dos pontos positivos é que: "A dinâmica do mercado brasileiro gera oportunidades". Portanto, os resultados do presente estudo mostram a importância da participação em um programa do pré-aceleração em fase de ideação para o aprimoramento e a validação de ideias de negócios. Por isso, aproveitar as oportunidades é um dos motores que impulsionama criação de startups de base tecnológicas.

Referências Bibliográficas

AGÊNCIA BRASIL. Quase 4 milhões de novos negócios foram abertos em 2021.
Disponível em: <https://agenciabrasil.ebc.com.br/economia/noticia/2022-02/quase-4-milhoes-de-novos-negocios-foram-abertos-em-2021>. Acesso em: 31. jan. 2021.

ASSOCIAÇÃO BRASILEIRA DE STARTUPS. A definição. Disponível em: <https://abstartups.com.br/definicao-startups/>. Acesso em: 01 fev. 2021. Acesso em: 01 fev. 2022.

______. A definição. Disponível em: <https://abstartups.com.br/fases-de--uma-startup-saiba-tudo-sobre-cada-etapa/>. Acesso em: 01 fev. 2021.Acesso em: 01 fev. 2022.

______. Estatísticas. Disponível em: <https://startupbase.com.br/home/stats>. Acesso em: 01 fev. 2021.Acesso em: 23 jan. 2022.

AULET, Bill. Empreendedorismo disciplinado. Rio de Janeiro: Alta Books, 2018.

BLANK, Steve. Startup: manual do empreendedor. O guia passo a passo para construir uma grande empresa. Rio de Janeiro. Editora: Alta Books; 1ª ed., 2014.

BRASIL. Lei complementar no. 167, de 24 de abril de 2019. Dispõe sobre a Empresa Simples de Crédito (ESC) e altera a Lei nº 9.613, de 3 de março de 1998 (Lei de Lavagem de Dinheiro), a Lei nº 9.249, de 26 de dezembro de 1995, e a Lei Complementar nº 123, de 14 de dezembro de 2006 (Lei do Simples Nacional), para regulamentar a ESC e instituir o Inova Simples. Disponível em: <http://www.planalto.gov.br/ccivil_03/leis/lcp/lcp167.htm>. Acesso em: 01 fev. 2022.

CAMBRIDGE. Cambridge Dictionary. Disponível em: https://dictionary.cambridge.org/pt/dicionario/ingles/start-up>. Acesso em: 03 jan. 2021.

CLARK, Tim. Business modelyou: o modelo de negócios pessoal: o método de uma página para reinventar sua carreira. Rio de Janeiro: Alta Books, 2013.

Global Entrepreneurship Monitor (GEM). Empreendedorismo no Brasil. Disponível em:<https://ibqp.org.br/wp-content/uploads/2016/09/Empreendedorismo-no-Brasil-2000.pdf> .Acesso em: 01 fev. 2022.

Sebrae. Como criar uma startup. Disponível em:<https://www.sebrae.com.br/Sebrae/Portal%20Sebrae/UFs/AM/Anexos/ebook_sebrae_startups.pdf> . Acesso em: 01 fev. 2022.

_____. O que é uma Startup? Disponível em: <https://m.sebrae.com.br/sites/PortalSebrae/ufs/ac/artigos/o-que-e-uma-startup,17213517aa47a610VgnVCM1000004c00210aRCRD>. Acesso em: 01 fev. 2022.

_____. O que é uma Startup? Disponível em: <https://www.sebrae.com.br/sites/Startup/diagnostico#/)>. Acesso em: 01 fev. 2022.

RIES, Eric. O Estilo Startup. Tradução de Carlos Szlak. Rio de Janeiro: LeYa, 2018.

WAENGERTNER, Pedro. A estratégia da inovação radical: como qualquer empresa pode crescer e lucrar aplicando os princípios das organizações de ponta do Vale do Silício. São Paulo: Editora Gente, 2018.

Capítulo 6

Marketing Digital Aplicado a Novos Negócios

Luiz Felipe da Silva Coutinho

Introdução

Os grandes cenários digitais têm sido cada vez mais importantes para a composição da realidade dos ambientes empresariais, seja ela uma startup ou uma multinacional. As rápidas transformações nesses ambientes e o advento da tecnologia que avança a passos largos em todo o mundo, faz com que nossa compreensão seja posta à prova e também nossa capacidade de acompanhar tais evoluções. Nunca o mundo correu tão rápido como corre hoje, nunca a tecnologia teve um momento de nascimento e obsolescência programada tão presentes, fazendo com que os conceitos de fins se mantenham, e os caminhos a serem percorridos mudam quase que diariamente. Todos os dias novas plataformas e aplicativos nascem e encerram ciclos e a necessidade de atualização e dos investimentos em marketing e comunicação se tornam imprescindíveis para alcançar os objetivos de uma empresa, seja recém-aberta ou mesmo uma que já possua sua curva de maturidade mais apurada.

É fato que associar ações e estratégias de marketing digital aos ambientes digitais nos parece correto e muitas vezes simples. Mas o que determina se suas ações e objetivos de comunicação serão assertivos é a base, conhecimento e experiência que o profissional de marketing deve ter para agregar ao projeto. Muitas empresas ao iniciar suas jornadas no mundo dos negócios, ainda não têm a capacidade de contratação de uma equipe que cuide da imagem da empresa e dos preceitos de comunicação. Dessa forma, esse capítulo tem o objetivo de trazer uma base do marketing tradicional, indo até o digital e os adventos das novas tecnologias para gestores e demais colaboradores, que pensam em desenvolver a comunicação de sua empresa, possam ter a mão ferramentas que facilitarão seus processos e ajudarão na consolidação de campanhas e ações diárias visando a alcançar os objetivos previamente estabelecidos.

Nosso objetivo é ensinar, conscientizar e preparar profissionais para que compreendam a importância do marketing, do planejamento e dos profissionais dessa área.

O marketing tradicional

O que é?
Segundo Philipp Kotler, a definição de Marketing é um processo tanto administrativo quanto social pelo qual as pessoas obtêm o que desejam e necessitam através da geração de desejo, oferta e troca de produtos de valor.

Note que seu conceito aborda a criação de desejo, oferta e valor agregado a uma necessidade preexistente, que será sanada com uma solução, seja ela tangível ou não. Em outras palavras, através do marketing, podemos preparar produtos ou serviços para que fiquem prontos para serem consumidos e que resolvam a dor ou necessidade dos consumidores. A complexidade desse processo deve ser considerada a partir do momento em que se conhece bem a empresa e o mix de produtos ou serviços a serem ofertados para o mercado. Bem, então se afirmamos que o marketing é o principal processo de preparação para que um produto, empresa ou serviço seja consumido, o marketing digital pode ser considerado a mesma coisa, mas aplicado a ambientes digitais? A resposta é simples e ao mesmo tempo complexa: Sim e Não.

Calma! Não é nosso objetivo criar confusões sobre esse assunto. Muito pelo contrário! Através da imposição de uma dúvida, irei conduzir você até a reflexão que o fará entender o que de fato é o Marketing.

O Marketing tradicional e o Marketing digital não competem entre si, e sim, se **complementam**. Em uma simples analogia, imagine que o marketing seja um bolo, com ótimo recheio e uma bela ornamentação, e que o marketing digital seja a maravilhosa cereja que além de gerar valor, se torna um grande objeto de desejo a todos que querem consumir uma fatia deste bolo. Logo, é impossível não olhar um pedaço e não querer ter a cereja em seu prato. Dessa forma é o Marketing digital, sem a base do tradicional, será apenas um conjunto de ações, com uma pequena chance de dar certo. Sendo assim, podemos definir o marketing digital como: o conjunto de ações que atreladas ao planejamento de marketing compõem o plano estratégico, através de campanhas em meios digitais. Ficou claro? Pense dessa forma, se hoje vivemos num mundo online, não há porque não estar presente nesses meios, já que nossa compreensão das novas tecnologias está em constante crescimento, devemos também estar acompanhando as novas necessidade e ferramentas que o mundo digital nos oferece. Pense que com o surgimento de uma nova plataforma, surgem também novas necessidades. Após o mapeamento dessas necessidades, compreendermos quais os principais atributos e de forma lógica, como essa solução poderá resolver o problema. Um exemplo disso é: Notou-se no mercado, que havia um público buscando soluções de desenvolvimento web a baixo custo, então foi criada a plataforma para que pessoas com pouco ou nenhum conhecimento de desenvolvimento pudessem criar seus sites. Após isso, compreenderam que existia uma lacuna que ainda não havia sido preenchida, a de uma funcionalidade que ajudasse ainda mais. Então foi criado o "editor arrasta e solta", que popularizou ainda mais a plataforma de desenvolvimento de sites de forma fácil e rápida. Perceba que abordamos dois tipos de necessidades: A dos clientes de ter uma solução para o desenvolvimento Web e a da plataforma de ter um plugin que oferecesse uma melhor experiência aos usuários. E onde entra o marketing? Simples! Através do marketing, foram feitas análises de mercado que nos apontaram as necessidades, a existência e segmentação de um público e a mensuração do sucesso da empreitada. Ela nos mostrou também os concorrentes, o tamanho do mercado e quais as estratégias de lançamento. Além disso, é através do Marketing que cuidamos e gerimos a imagem de uma marca, mostrando ao mercado consumidor quem somos e como trabalhamos. Bem, voltando à afirmação de Kotler, percebemos que o tal processo social por meio do qual pessoas e grupos de pessoas satisfazem desejos e necessidades com a criação de oferta e livre negociação de produtos e serviços de valor, é chamado de Marketing. Logo, podemos compreender que o marketing trabalha quase que exclusivamente em criar e ou disseminar soluções para problemas reais ou atender necessidades existentes, com produtos ou serviços que possuem um valor agregado o suficiente para serem vistos como a solução ideal e a causadora de desejo no público que irá possivelmente consumir essa solução.

Atualmente, com o desenvolvimento e a disseminação dos conhecimentos de marketing, podemos notar que tais estratégias estão presentes em quase tudo. Sendo assim, para quem é o Marketing Digital? A resposta é simples: Pessoas, empresas, Universidades, Associações, Igrejas, Startups, entre outros.

Talvez um dos pontos de maior relevância acerca dessa discussão seja o fato de que o Gestor de Marketing deve estar consciente de que no meio digital: "Nós somos o que nós compartilhamos", isso quer dizer que todos os atos, todas as postagens e todos os posicionamentos de uma empresa nos meios digitais são vistos diretamente como: **Quem ela é.** Um exemplo claro disso, é que quando uma empresa demonstra interesse com relação a um determinado posicionamento político e externa para o público. Logo ela é rotulada como uma empresa que segue aquele tal direcionamento político, e uma vez implantada uma ideia sobre uma empresa fica muito difícil reverter essa imagem.

Os principais objetivos de Marketing

Vamos analisar esta afirmação: "Profissionais de Marketing não criam necessidades. As necessidades existem antes dos profissionais de Marketing. Os profissionais de Marketing, paralelamente a outras influências da sociedade, influenciam os desejos". Bem, essa afirmação nada mais faz, do que reforçar tudo que já percebemos até aqui. Na verdade, o marketing explora necessidades existentes com soluções através da geração de desejo para aquela necessidade. O que faz com que o marketing busque esses caminhos, esses são os objetivos de marketing.

Os principais objetivos de marketing normalmente são aumento das vendas, fidelização de clientes, aumento de visibilidade, gerenciamento de uma marca, construção de boas relações, educação do mercado, engajamento de pessoas e muito mais.

Aumento das vendas: Considere que existe uma diferença entre os setores de Marketing e o setor comercial embora ambos estejam diretamente ligados às vendas. Enquanto o marketing se preocupa exclusivamente emcriar estratégias para venda de produtos, popularização ou mudanças e modificações na imagem das marcas e empresas, o setor comercial está diretamente ligado às vendas e estratégias, como por exemplo, uma negociação de preços e prazos, uma promoção de vendas que inclua um preço mais atrativo com relação a concorrência. A forma com que precisamos primeiramente compreender o mercado e fazer uma análise apurada para perceber onde está o que pode ser melhorado, muitas vezes o aumento das vendas não está ligado somente ao valor dos produtos, mas também à qualidade ou como a marca é vista pelo público consumidor.

Fidelização de clientes: Faz com que eles se tornem não só compradores recorrentes, mas também se tornem de fato representantes da sua marca para o mercado consumidor. Pense na seguinte reflexão: Se você faz a compra de um produto mais de uma vez, você gosta do produto e ele o satisfaz. Você tem motivos o suficiente para falar bem desses produtos para as pessoas que você conhece tanto no boca-a-boca quanto nas suas redes sociais? Acredito que a resposta seja sim. Através dessa prática, um movimento que tem tomado grandes proporções e tem dado muito retorno para as marcas, são consumidores que se tornam verdadeiros embaixadores das marcas. Esses consumidores são os consumidores ideais, ou seja, são pessoas que facilmente poderiam organizar um fã clube da marca ou de determinado produto pelo fato de gostar e falar bem, e de fato defenderem a marca perante a sociedade. Atualmente, com a disseminação das informações de forma tão rápida nas redes sociais, ter embaixadores da marca pode ser uma boa estratégia para fidelização de clientes.

Gerenciamento de uma marca: Está diretamente ligada com a forma com que essa marca se comporta dentro do mercado e também se comporta perante seus consumidores. Atualmente, a forma com que as empresas mais utilizam para se comunicar diretamente com seus consumidores é a internet. Um exemplo claro de gerenciamento de uma marca, é ela estar atrelada a preceitos que são bem vistos pela sociedade, como por exemplo: Desenvolvimento Ambiental, Reciclagem, Cuidar dos animais, Responsabilidade social. Outra estratégia de muito sucesso para marcas é o investimento em programas de capacitação para jovens em estado de vulnerabilidade social, podendo assim devolver um pouco à sociedade dos ganhos que tem, com a comercialização de produtos e serviços.

Construção de boas relações: Não é só com o público consumidor, mas também com o público secundário, concorrentes e distribuidores. Nos veículos digitais, essa ação proporciona que marcas possam fazer parcerias publicitárias atrelados a influenciadores digitais, que abordam assuntos pertinentes ao desenvolvimento de produtos ou serviços comercializados por tal marca. Outra forma de construção de boas relações com a marca, é através do trabalho de social media, que vai fazer uma interação de forma pessoal com os clientes que seguem os perfis da marca nas redes sociais. Ações como descontos pontuais e mês de aniversário, premiações para clientes recorrentes, também são estratégias de construção de boas relações que ajudam muito a marca a se destacar no mercado.

Engajamento de pessoas: Está diretamente ligado ao quanto essa marca investe em diálogo com os seus consumidores, através das mídias digitais, podemos determinar informações pertinentes e relevantes e gerar conteúdos cada vez mais focados em geração de valor para a marca, possibilitando que pessoas possam interagir cada vez mais e também possam ter a oportunidade de conhecer o lado social dessas marcas.

Bem, agora que falamos sobre os principais objetivos do marketing, eu trago para vocês uma nova reflexão acerca desse assunto que já falamos anteriormente, mas que agora com essas informações deverá fazer mais sentido: "Profissionais de marketing não criam necessidades: as necessidades existem antes dos profissionais de marketing. Os profissionais de marketing, paralelamente a outras influências da sociedade, influenciam desejos". Essa afirmação nos mostra, que as necessidades já são preexistentes e que o papel dos profissionais de marketing é criar cada vez mais soluções segmentadas que resolvam problemas da sociedade gerando desejo, ou seja, vamos imaginar um exemplo do nosso dia a dia. Todos os seres vivos têm a necessidade de se alimentar, dessa forma a necessidade já existe: Precisamos comer algo que nos alimente! O trabalho dos profissionais de marketing através dessa maravilhosa ferramenta, é apresentar possíveis soluções que sanem essa necessidade, ou seja, produtos alimentícios que vão saciar a fome dos consumidores. Você já parou para perceber como as fotos de comida buscam sempre ser muito vistosas e agradáveis, a ponto de fazer com que os espectadores possam imaginar o gosto, cheiro ou até mesmo a textura que aquele alimento tem? Essa é uma técnica comum de mostrar produtos, através de uma série de gatilhos que fazem com que os impactados pelo anúncio, sendo eles futuros consumidores ou não, possam se sentir cada vez mais seduzidos pelo anúncio ou pela forma de comunicação que chegou até eles. Sendo assim compreendemos que o papel do marketing é servir como ferramenta para que, profissionais possam, a partir de uma necessidade existente, oferecer soluções que resolvam essas necessidades.

Momentos digitalmente históricos

Agora que nós já falamos bastante sobre marketing, e você possivelmente já tem uma base para compreender a forma de pensar, a partir do momento em que você compreende como é que funciona o marketing e quais são os seus principais objetivos, esse tópico tem o objetivo de fazer uma rápida retrospectiva, sobre os momentos digitalmente históricos para que você perceba como tudo começou, e como chegamos até onde estamos, a fim de que você possa perceber de que forma você pode utilizar os preceitos do marketing da melhor forma e não cometer os mesmos erros que foram cometidos no passado.

Web 1.0 É data de início e está diretamente ligada aos anos 90, foi um momento de grande importância para que chegássemos até a web que conhecemos hoje,a primeira fase do desenvolvimento da World Wide Web (www), foi marcada pelo surgimento dos primeiros mecanismos de busca, as primeiras vendas online e os primeiros softwares de comunicação, uma característica importante, é que podemos identificar esse período e caracterizá-lo pelas limitações enfrentadas pelos usuários. Bem, nós estamos falando dos primórdios que hoje é o ambiente online, sendo assim ela possuía suas próprias características, como por exemplo, a web 1.0 era um meio de comunicação passiva, ou seja, apenas marcas se comunicavam com os usuários da internet, nesse momento ainda não existia a cultura de que a internet seria um canal de mão dupla, ou seja, um canal onde pessoas poderiam falar com marcas, pessoas e até mesmo robôs. As publicações eram feitas pelas empresas diretamente ligadas a outras empresas e também para consumidores finais. Uma característica muito importante da sua época, foi o surgimento dos primeiros mecanismos de busca, destacando as primeiras utilizações do Google. Ou também o mecanismo de busca brasileiro que fazia bastante sucesso nessa época, chamado: *"Cadê?"*. Apesar de ambos os motores de busca, nessa época, serem de empresas iniciando sua jornada, no mercado, para os brasileiros, naquele momento, ambos eram muito bem vistos e muito bem utilizados. Não pense você, que o fato de um buscador brasileiro existir nessa época era menos valorizado. Muito pelo contrário, essa empresa era muito bem vista pelos seus usuários, inclusive muitas delas utilizavam até os serviços de e-mail nessa plataforma. O fim do ciclo da web 1.0 foi marcado também, pelos primeiros serviços de bate-papo online. Podemos destacar o "mIRC", que era um software que promovia a interação entre as pessoas, acredite, muitos casais começaram seus relacionamentos online através dessa plataforma! Ainda sobre a web 1.0, uma informação importante é o surgimento de uma das maiores empresas online que existiu nessa época, a América Online. Conhecida também como AOL, era uma empresa de assinatura, que fornecia conteúdo segmentado aos seus clientes. Em muitos momentos, eles utilizaram o modelo de negócio de enviar gratuitamente o CD de instalação do programa, para que as pessoas pudessem ter acesso durante um período limitado até elas perceberem a qualidade dos serviços e passassem a ser assinantes dos seus canais. Fatores de grande importância como desenvolvimento de servidores mais eficientes, o aumento da velocidade de navegação e qualificação de profissionais na área de tecnologia começaram a fazer mais sentido e iniciaram as grandes mudanças no mundo digital que nos levaram ao próximo estágio histórico.

Web 2.0 Conhecida também como a web da interação. Ela possui características muito diferentes da web 1.0. Nesse caso, com o surgimento das tecnologias citadas anteriormente, a web 2.0 passou a ter características ativas, ou seja, ela possui uma comunicação de vias múltiplas, assim, empresas poderiam falar com usuários da internet, e também poderiam se comunicar entre elas. Através da internet, a participação ativa do público marcou muito esse momento, fazendo com que as pessoas pudessem opinar e falar de coisas que eram boas e ruins. Uma característica muito importante, é que ela era centrada na comunidade e era cada vez mais segmentada. Inclusive, um termo muito conhecido atualmente, passou a ser desenvolvido durante esse momento digitalmente histórico, que foi a produção de conteúdo. Só que nesse caso, ela era feita diretamente pelos usuários. Uma plataforma que cresceu muito e tornou-se extremamente popular em quase todo o mundo no momento da web 2.0, foi a primeira rede social extremamente popular entre o público brasileiro. O Orkut era uma rede social que unia usuários a comunidades de interesses múltiplos, sendo assim esses usuários poderiam buscar comunidades que estivessem dentro dos assuntos que mais tivessem interesse e lá elas poderiam conversar e compartilhar informações. Essa plataforma foi uma grande inovação para o mercado digital, interpretada também como um grande marco na comunicação interpessoal online. Bem, não poderíamos deixar de citar a maior rede social já conhecida, o Facebook. Ele foi criado no momento da web 2.0, mas nessa época ainda não era muito popular, principalmente no Brasil. Uma plataforma também muito utilizada em diversos países e que para nós usuários brasileiros se tornou imprescindível para estudos, pesquisas, entretenimento e disseminação de conteúdo, o "Youtube". O mais curioso é que pensamos nas empresas que cresceram e se desenvolveram nesse momento histórico, jamais passou pela cabeça dos usuários dessas plataformas que um dia elas teriam o destino que tiveram. Do ponto de vista da tecnologia, uma coisa muito importante que marcou essa data é que diferente da web 1.0, onde tudo era guardado em arquivos, nesse momento teve início o uso das bases de dados. O termo web

2.0, foi disseminado em 2004, a evolução da tecnologia correu de forma muito rápida através dessa via de mão dupla no contexto digital em que nós usuários da internet estávamos inseridos. Assim como as empresas que notaram que ter presença digital, poderia aumentar muito mais sua visibilidade e seus ganhos. **Web 3.0**: Com o passar do tempo, as necessidades foram ficando cada vez mais latentes e a internet começou a se comportar de forma diferente com relação aos seus usuários. Esse momento, digitalmente histórico, foi chamado de web 3.0, ela diz respeito ao que estamos acostumados a viver neste momento, no ano de 2021. Enquanto a web 2.0, foi vista como uma revolução comparada à web 1.0, e vista também como uma evolução de fato, não só das tecnologias, mas também pela forma de armazenamento e possibilidades criadas para os usuários, a web 3.0 que também é conhecida como web inteligente, e de fato representa nesse momento a verdadeira revolução na maneira de utilização da internet. Seja ela por qualquer tipo de usuário. A web inteligente é o resultado da transformação digital sendo a principal característica que faz com que as pessoas interajam de formas diferentes com o ambiente online. Esse momento, digitalmente histórico, é marcado pela utilização de tecnologias, que realizam de forma extremamente eficiente atividades que até poucos anos atrás dependiam de força de trabalho manual e que hoje fazem com que profissionais poupem tempo e ganhe agilidade nas suas ações, podendo assim escalar seus negócios de forma mais direta e maximizar seus ganhos a curto e longo prazo. A coleta de dados e a forma com que esses dados são utilizados é o grande diferencial da web da experiência, então podemos destacar uma coleta de dados visando ao usuário ou consumidor, o que ele acessa, por quanto tempo ele acessa, o que ele compra e o que ele deseja. O cruzamento dessas informações faz com que essa web funcione de formas diferentes através do uso de algoritmos que combinam todas essas informações citadas anteriormente, com outras informações fornecidas por empresas e geradores de conteúdo, fazendo com que cada usuário seja único e seja enxergado como um ser que possui particularidades a ponto de receber os conteúdos mais segmentados possíveis dentro dos dados fornecidos. Anteriormente, essa segmentação, em grande parte, funcionava para anúncios, conteúdos e ofertas visando a ser cada vez mais assertivo com os gostos, perfis e hábitos de consumo de cada usuário.

Agora vou propor uma reflexão: Pense no comportamento de plataformas como, por exemplo, Spotify, Netflix e o próprio YouTube que, cada vez mais, nos oferecem conteúdos segmentados a partir de conteúdos que nós já consumimos. Uma forma interessante de compreender esses acontecimentos é utilizar perfis de outras pessoas e comparar os seus para ver como existem grandes diferenças nos conteúdos que são entregues.

Agora que falamos dos três maiores momentos digitalmente históricos, já podemos tentar prever um pouco do que será:

O Futuro da Web 4.0: A partir do que percebemos e analisamos no passado, o conceito de web 4.0 tem evoluído de forma muito rápida. Quando analisamos alguns pontos de grande importância, como por exemplo, a internet das coisas, os benefícios para os negócios, a integração de serviços e até mesmo a interação social, constatamos que:

- **Internet das coisas:** Isso é um conceito muito abordado nesse momento e ele se refere à comunicação digital ou intercomunicação digital de objetos físicos com a internet. Em outras palavras, a internet das coisas nada mais é do que objetos físicos capazes de reunir e transmitir dados. Um exemplo claro disso são as casas inteligentes, que possuem uma central que analisam se existem pessoas nos locais e mantêm luzes acesas ou não. Outro exemplo curioso, ainda falando sobre casas inteligentes, são geladeiras e refrigeradores que enviam notificações para smartphones vinculados aos aparelhos quando for preciso fazer reposição de algum tipo de alimento que já está em falta dentro da geladeira ou refrigerador. Essa tecnologia promete facilitar a experiência de compra em lojas de varejo, com utilização de algumas ferramentas e farão com que o processo de compra seja muito mais fácil e completamente segmentado para cada usuário.

- **Benefícios para o negócio:** No varejo, a perspectiva é que o controle de estoque será muito mais eficiente com uma tecnologia que irá alertar sempre que for necessário repor um item dessa. Portanto, podemos imaginar o quanto será poupado e como existirá uma diminuição no prejuízo por falta de produtos, que será facilmente eliminado. Para os mercados digitais falando especificamente do e-commerce, o desenvolvimento de tecnologias em 3D, realidade virtual e realidade aumentada, facilitam cada vez mais a apresentação de produtos. Outra previsão que não podemos deixar de fazer, é que com o advento de novas tecnologias e facilidades para disseminação de tais informações, os consumidores passarão a ser muito mais procurados e serão muito mais impactados com uma série de anúncios ou ofertas de produtos cada vez mais segmentados aos seus gostos particulares. A utilização de robôs e também atendentes virtuais personalizados, cada vez mais eficientes, farão com que as empresas economizem muito com atendimento ao cliente e facilitarão a resolução de problemas levando para atendentes humanos apenas os casos de extrema importância que os robôs não puderem resolver.

- **Integração de serviços:** Uma das previsões mais comuns acerca desse assunto, é que a internet funcionará de forma integrada, possibilitando que empresas cada vez mais adicionem serviços aos seus pacotes, podendo fazer isso de forma simples e direta, inclusive quando o assunto estiver ligado a instalações de hardwares.

Interação Social: Partindo do princípio que a interação social teve grandes avanços através dos adventos das redes sociais e a forma com que nós nos tratamos na internet, sofreu muitas modificações nos últimos anos até aqui, essa previsão não poderia ser diferente. Vamos compreender que hoje, no cenário atual de utilização dessas redes, nós conseguimos através de algumas ferramentas, saber se nossos amigos estão próximos de nós e ter acesso também a avaliações de outros usuários de locais que estamos visitando, ou estamos para visitar. Leve em conta também que a utilização do assistente digital pessoal tem aumentado muito e que as pessoas estão cada vez mais interagindo com essa inteligência artificial. Tendo em vista os argumentos anteriores, podemos prever que futuramente até mesmo as rotas que serão escolhidas para nos levar até os locais desejados através de aplicativos serão calculadas através do algoritmo, que poderá levar em conta os nossos gostos e o tipo de comércios ou interesses que nós temos. Imagine o seu aplicativo de navegação estar integrado a outros programas, cruzando informações e, por exemplo, ter acesso a uma nota negativa que você tenha dado a um restaurante e ele calcula a sua rota para que você não passe por esse lugar e não reviva a experiência negativa. Bem, dependendo do ponto de vista, isso pode parecer uma teoria futurista e com pouca credibilidade, no entanto não devemos duvidar do que está por vir na web 4.0.

Agora que falamos um pouco sobre o surgimento e o desenvolvimento dos momentos digitalmente históricos, ficará mais simples compreender o que está por vir e as formas com que você pode utilizar para alcançar os seus objetivos de marketing dentro dos seus novos negócios:

- **Mix de marketing**

É chegado o momento de compreendermos como funciona o Mix de Marketing. Esse Mix também conhecido como os 4P's do Marketing, são quatro pontos-chaves para nortear os seus primeiros estudos e ações a serem tomados no seu planejamento de marketing, dessa forma antes de chegarmos ao digital é importantíssimo que você compreenda quais são os 4Ps do Marketing Tradicional: Preço, Praça, Produto e Promoção.

- **Preço**: Análise de preço está diretamente ligado ao custo somado ao lucro do produto, ou serviço a ser comercializado. Dessa forma, os preceitos do preço norteiam o pensamento do profissional a buscar valores mais atrativos para o mercado. Ele também é visto como um único gerador de receita no Mix de Marketing. Este tópico aborda também negociação de prazo e descontos. Embora muitas pessoas confundam a área comercial com a área de marketing, ambas têm sua importância e suas atribuições. Essas duas áreas caminham juntas dentro de uma empresa e é muito importante que as análises de Marketing sirvam para nortear o trabalho que será realizado pelo setor comercial.

- **Praça:** O conceito de Praça está diretamente ligado ao local em que o produto será ofertado. Nessa primeira parte, o conceito de local é a área geográfica onde o seu produto ou serviço será inserido. Essa análise conta também com os indicadores de logística e distribuição, para compreender as rotas das localidades, onde os produtos estão armazenados e a forma com que ele chega até o ponto de venda. O PDV é sigla para ponto de venda, é a loja física ou online onde o produto será comercializado. Um ponto muito importante desse fator, é que a análise da praça interfere diretamente na segmentação do público.

- **Produto:** Esse ponto-chave se refere exatamente ao que será ofertado, ou seja, o que está sendo vendido. Ele conta com o indicador de grande importância, que é o conjunto de atributos tangíveis e intangíveis do produto, também a embalagem em seu gênero total: cores, formato, distribuição, material, design... Além de uma pesquisa de demanda sobre o produto a ser ofertado.

- **Promoção:** Não confunda esse quesito com o sentido literal da palavra. Nesse caso a promoção não está apenas ligada às ações comerciais, ou seja, nesse passo, isso vai muito mais além do que o famoso "o patrão ficou maluco e vai vender barato". Compreenda promoção como a forma de promover seu produto ou serviço, dessa forma, o primeiro indicador é como você oferta, abordando exatamente todos os argumentos de venda incluídos na ação de promover o produto. Outro indicador de grande importância é a estratégia de divulgação desse produto, ou seja, de que forma seus clientes em potencial saberão da existência desse produto e que ele está disponível no mercado. Lembrando que esse indicador entrega também os canais de divulgação a serem aplicados e que todos esses pontos são definidos a partir do momento em que as análises anteriores foram consolidadas e já criaram uma série de indicadores para fazer com que o nosso trabalho de promoção do produto, esteja completamente alinhado aos verdadeiros preceitos de marketing aplicados nesse caso.

Os 8Ps do Marketing Digital

Compreendemos como são aplicados os 4Ps do marketing tradicional. A partir dessa análise, vou demonstrar para você quais são os 8PS do marketing digital; assim como no tradicional, marketing digital também tem seus próprios indicadores: **Pesquisa, Planejamento, Produção, Publicação, Promoção, Propagação, Personalização e Precisão.**

Vamos dividir em etapas para que fique mais simples a compreensão e que se torne mais palpável para que você coloque em prática em seu negócio:

1º Etapa - Pesquisa

Nesta etapa você deve buscar conhecer o mercado, ou seja, levante a maior quantidade possível de informações acerca do mercado que você quer entrar ou que você já esteja participando. Busque compreender o tamanho desse mercado, como ele se comporta, qual a rentabilidade, entre outras informações. Conhecer o comportamento do seu público é um fator de extrema importância nessa etapa. Conhecendo o comportamento, você conseguirá descobrir quais são as formas corretas de abordagem desse público e como se comunicar com ele de forma mais assertiva. Caso você ainda não saiba ao certo qual é o seu público, concentre-se primeiramente no público que faz parte do mercado que você está analisando.

Analise, utilize, teste e deguste cada uma das mídias a fim de conhecer as particularidades e entender, quais delas vão lhe ajudar a performar melhor quando o assunto é alcançar o público consumidor do mercado a ser analisado.

2º Etapa - Planejamento:

Há quem diga que o trabalho efetivamente começa no planejamento. Eu discordo, pois a etapa de pesquisa é a mais importante para criar um alicerce que irá nortear as ações incluídas no seu planejamento. Existem alguns fatores diretamente ligados ao planejamento tais quais:

Criação de um planejamento de conteúdo: esse planejamento abordará conteúdos que geraram valor para sua marca, e produtos a fim de criar vínculo com o seu público. Então o planejamento de criação de conteúdo, nada mais é do que um plano onde será descrito a forma com que seu conteúdo será desenvolvido para chegar até o seu consumidor final.

O mapeamento das mídias que serão utilizadas é de extrema importância para que você compreenda em quais mídias digitais o seu público será melhor impactado com o conteúdo e geração de valor que você está propondo.

O tipo de conteúdo a ser abordado também é de extrema importância, nessa etapa você definirá se você irá trabalhar com criativos, em imagens estáticas, vídeos, animações, áudios ou qualquer outro tipo de conteúdo que você tenha mapeado em sua pesquisa que possa ser consumido pelo seu público.

O grande desafio dessa etapa não é planejar os pontos citados anteriormente, e sim desenvolver o seu cronograma de ações. Esse cronograma deve ser centrado na Criação de Conteúdo, quais os canais em que esse conteúdo será postado, qual é o tipo do conteúdo, a periodicidade, quais são os dias de cada conteúdo e horários. Não esqueça de mapear ações como parcerias, anúncios, publicidade com influenciadores, interações, e ações de busca por novos perfis de público afins.

3º Etapa - Produção:

Esta etapa se inicia com uma tarefa simples: Seguir o planejamento da Etapa 2, então caso você não esteja 100% satisfeito com o trabalho realizado na etapa anterior, eu sugiro que você volte e aperfeiçoe até que você esteja completamente à vontade com o trabalho que quer desenvolver. Um ponto de grande importância ainda falando sobre a etapa anterior, é que você deve planejar com muito cuidado todas as suas ações e conteúdos, para que primeiramente entenda como você vai se comunicar com o seu público da forma correta, e fazer com que os valores de sua empresa estejam transparentes o suficiente para não precisarem ser explicados. Outro ponto de grande importância a ser levado em conta, é criar um planejamento que seja viável para a quantidade de pessoas envolvidas na produção. Não adianta criar algo grandioso, se você não tiver tempo ou colaboradores disponíveis para desenvolver esse conteúdo.

Produzir conteúdos para cada mídia, levando em conta as particularidades de cada uma, ou seja, medidas de imagens, formatos de vídeo, tipos de arquivos

aceitos, a linguagem utilizada em cada uma das mídias e também fatores que tornem seus conteúdos únicos.
A utilização de técnicas de redação é um fator determinante para conseguir alcançar o seu público. A escrita publicitária se desenvolveu muito rapidamente. Atualmente, existe uma série de técnicas que abordam gatilhos de venda e também argumentos que vão lhe ajudar a se comunicar com o seu público da melhor forma, além de técnicas de observação de palavras-chave que são melhor ranqueadas nos motores de busca.

Utilize muitas imagens e vídeos. Esse tópico pode parecer simples, mas ele será o complemento visual de todo conteúdo a ser produzido para sua marca. Evite utilizar somente texto, a menos que você esteja em uma mídia onde só é utilizado um tipo de comunicação.

4º Etapa - Publicação:

Durante essa etapa, você deve seguir rigorosamente o seu planejamento. Principalmente quando falamos de datas e horários. Busque otimizar suas postagens, deixando-as mais atrativas e sendo veiculadas nos melhores horários da sua audiência. Lembrando que esses indicadores deverão ser norteados na etapa número 1 e que você tenha acesso através do seu perfil nas redes sociais. Busque sempre atender ao critério de qualidade do seu público, pois não adianta se comunicar da forma correta de acordo com o público e não conseguir alcançar o padrão de qualidade preestabelecido pelo mesmo, ou seja, busque estar falando a mesma linguagem dos seus seguidores e consumidores.

Atualmente, existe uma série de funcionalidades e ferramentas de automatização de tarefas que farão com que o seu trabalho seja cada vez menos manual e cada vez mais automático poupando tempo, gastos e aumentando sua produtividade em uma escala muito considerável. Um exemplo de funcionalidade é a utilização de ferramentas de e-mail marketing; outro exemplo é a ferramenta de automatização de postagens do Facebook onde você tem acesso a programar suas publicações tanto no Facebook quanto no Instagram.

Lembrete de extrema importância: esteja completamente atento aos horários e datas. Cada vez mais os algoritmos compreendem que periodicidade nas postagens é um indicativo de geração de conteúdo conciso. Sendo assim, postagens nos mesmos horários, de preferência nos horários de pico de audiência quando existem mais pessoas utilizando o aplicativo ou consumindo o seu conteúdo preferencialmente se tornam os melhores momentos para veicular suas publicações.

5º Etapa - Promoção:

Criar boas estratégias para promover o seu produto. Esse indicativo está diretamente ligado a lançamentos, abertura de novos mercados, preço competitivo, degustação para os clientes, entre outras estratégias que podem ser utilizadas como promoção de vendas.

É muito importante que a nossa compreensão com relação ao crescimento orgânico das mídias sociais esteja completamente alinhada aos objetivos de Marketing. Essa etapa é de extrema importância para que não haja frustração por parte dos envolvidos caso a comunicação não esteja performando da forma esperada. Nesse caso é sempre bom para desenvolver novos negócios, que você tenha disponível alguma verba para investimento em links patrocinados das redes, ou seja, os ADS.

Atualmente, as principais redes sociais possuem seus próprios serviços de links patrocinados possibilitando que você consiga interagir com o público que segue sua página. De uma outra forma existe uma série de modalidades, em que você consegue comparar o seu público e encontrar um público com gostos parecidos que possivelmente podem gostar de consumir o conteúdo que você gera. Outra modalidade bem importante, é considerar a venda em marketplaces, caso os seus produtos sejam produtos físicos e possam ser vendidos em Marketplace de produtos como os grandes que nós temos no mercado brasileiro. Hoje é uma boa opção, mas você também pode investir nos links patrocinados dos próprios marketplaces que possibilita que você mantenha os seus produtos sempre bem ranqueados e também bem expostos nas vitrines virtuais.

O desenvolvimento de parcerias também é algo muito importante. Principalmente quando nós conseguimos criar parcerias com influenciadores digitais que tenham a ver com a nossa marca cuja criação de conteúdo tenha correlação com os produtos comercializados. Nesse caso, nós temos a possibilidade de conseguir pessoas que tenham certa autoridade digital para atrair a sua imagem a nosso produto e fazer com que o seu público enxergue o produto com mais credibilidade.

No outro ponto de grande importância, o desenvolvimento de ações para o aumento de visitas, divulgação de postagens, é muito importante que você faça com que o seu público esteja cada vez mais engajado e que ele cada vez mais participe do que você tem trazido em prol de divulgar cada vez mais a geração de conteúdo que você faz. Um grande exemplo disso são alguns sorteios ou promoções que você pede para que o seu público marque outras pessoas para participar e que no fim eles podem ganhar algo que tem a ver com a marca podendo ser um cupom de desconto ou um kit gratuito ou quem sabe uma nova degustação.

6º Etapa - Propagação

Esta etapa é de grande importância! Não diminuindo o mérito das anteriores, no entanto, na propagação é onde nós vamos encontrar as melhores ações para fazer com que os nossos objetivos sejam cumpridos.

Destaco a busca por ações de divulgação orgânica. Dessa forma você pode fazer com que seus seguidores ajudem a levar seu conteúdo para outras pessoas. De que forma isso pode ser feito? Através de uma estratégia de aumento do engajamento. Existem diversas formas de você buscar o aumento da interação com seu público. Uma delas é fazendo com que o seu público aumente o compartilhamento nas redes do conteúdo que você gera. De outra forma é você buscar o envolvimento e a participação desse público. Como já havia dito anteriormente, atualmente a nossa missão como profissionais de marketing é buscar cada vez mais fazer com que o público que nos segue, esteja não só atrelado a nossa marca, mas de fato, se sinta parte do que está sendo feito. Dessa forma, aos poucos, além de construir uma audiência fixa, e também sólida, você conseguirá fazer com que alguns dos seus consumidores se tornem verdadeiros embaixadores da sua marca podendo ser pessoas que estarão disponíveis e prontas não só a proteger e falar bem da marca, mas como também serem seus maiores representantes no "boca a boca".

Uma ação que funciona muito bem, mas que muitas pessoas não colocam em prática é a de motivar. Muitas das vezes, as pessoas só precisam ser motivadas a fazer algo, dessa forma, sempre utilize chamadas de ação em tudo que você fizer. Motive, chame o seu público a fazer algo com vídeos, a fazer algo do tipo: "Compartilhe essa postagem, curta e envie para os seus amigos."

Esses botões de ação são muito populares no Marketing e são conhecidos como CTA que em inglês significa Call to Action ou chamada de ação.

7º Etapa - Personalização

Como falamos anteriormente, nos momentos digitalmente históricos, como nós vivemos o momento da web 3.0, cada vez mais as coisas são segmentadas na internet fazendo com que a experiência dos usuários seja única, dessa forma você deve buscar sempre se adequar a essa realidade.

Uma forma de buscar essa realidade é desenvolver diálogos entre a marca e o seu público, fazendo com que o público sinta que sua marca é acessível e que sempre que necessário eles podem interagir ou mandar mensagem, sabendo que eles não serão ignorados. Fazer com que o público tenha sentimento de pertencimento, é muito importante para o processo de busca pela identificação do público. Sempre que possível, demonstre essa aproximação. Outro ponto de grande importância que muitas marcas deixam a desejar são as respostas de perguntas tanto nos comentários quanto no directdo Instagram. É muito importante que todas as perguntas sejam respondidas, e que nenhuma interação do público fique em branco. Nunca deixe seus clientes mandando mensagem não tendo respostas.

8 º Etapa - Precisão

Essa etapa da Precisão, nada mais é do que a certeza de que você vai acertar em todo o planejamento e desenvolvimento que foi feito até agora. Através da coleta de dados e métricas, nós saberemos como é que o nosso público está interagindo e aceitando o conteúdo que ele recebe. Dessa forma, conseguiremos nortear de um jeito muito mais assertivo as nossas ações do dia a dia e também poder planejar as nossas ações futuras.

É imprescindível que além da coleta, você faça também análise dessas métricas, de forma que você consiga compreender rapidamente o que está acontecendo, com tempo hábil suficiente para mudar alguma ação ou para alterar o seu planejamento em algum momento, e encontrar sempre os pontos fracos de suas ações, além de saber o que está dando certo na sua comunicação. Atualmente as principais ferramentas de retorno de métricas que nós temos no mercado são: Google Analytics, Facebook Insights e os Insights do Instagram.

Conceito de Marketing Digital

Inbound Marketing

Conhecido como marketing de atração ou inbound marketing é um conjunto de estratégias de marketing que se baseia na ideia de criação e compartilhamento de conteúdo, voltado para um público-alvo específico, para conquistar a permissão de se comunicar com seu potencial cliente, de forma direta criando um relacionamento que pode ser duradouro. Os principais benefícios do inbound são alcançar o público certo, estabelecer uma relação com seu cliente, aumentar o poder de persuasão, encurtar o ciclo de vendas, diminuição dos custos operacionais, aumento do Ticket médio e a mensuração de resultados em tempo real.

Alcance do Público Certo

Uma estratégia de Inbound bem elaborada, busca aumentar muito o público que entra em contato com a empresa por meio do seu conteúdo. Pesquisas apontam que empresas que adotam o marketing de conteúdo alcançam duas vezes mais visitas, em comparação as que não fazem uso dele, dessa forma conseguimos compreender que através do marketing de atração nós conseguimos captar muito mais clientes e pessoas que consomem o seu conteúdo por afinidade.

Aproximação com Clientes

Essa modalidade busca oferecer conteúdo que ajude a persona na prática, ao invés de simplesmente tentar vender qualquer produto. A ideia é criar uma relação de confiança com público, dessa forma você consegue trazer conteúdo de valor, e não só oferta de produtos fazendo com que o processo de venda seja muito diferente do aplicado por muitas empresas. Oferecendo conteúdo, nós mostramos aos nossos clientes que podemos agregar muito mais na vida deles do que apenas com a venda dos nossos produtos, consequentemente o seu público estará mais aberto a ouvir suas recomendações e dicas do que estaria.

Maior poder de Persuasão

A pessoa não é um dos elementos mais importantes para fechar vendas. É muito mais difícil vender para quem está em dúvida e quando isso acontece a relação pós-venda não costuma ser a ideal durante o processo em que a Persona recebe exatamente o tipo de conteúdo que precisa, o que dá ela tempo suficiente para se convencer e continuar pesquisando.

Encurtamento do Ciclo de Vendas

Através do marketing de atração, nós conseguimos aplicar o princípio do Funil de vendas, esse princípio consiste basicamente em criar etapas de relacionamento com seu cliente, até que ele chegue à venda efetiva. Através desse conjunto de técnicas, nós conseguimos encurtar o ciclo de venda dos clientes e torná-los também clientes muito mais recorrentes do que através das linhas clássicas de venda onde não existe um relacionamento com os seus clientes em potencial.

Diminuição dos Custos

Essa optimização financeira, se dá pelo fato de que existem diversas plataformas no mercado oferecendo diversos tipos de serviços, que fazem com que nós aumentemos nossa produtividade, diminuindo o tempo de desenvolvimento de cada ação. Dessa forma, hoje um pequeno time, passa a ter um grande potencial de desenvolvimento e entrega, fazendo com que os custos de produção, planejamento, desenvolvimento e ação sejam bem menores do que algum tempo atrás.

Aumento do Ticket Médio

Com o passar do tempo, as ações que vão sendo colocadas em prática além do relacionamento com os seus clientes cada vez mais sólido, consequentemente, você poderá ter ações de aumento do seu ticket médio, tudo isso dentro do seu planejamento e também alinhado com o seu setor comercial, a fim de compreender se o aumento do seu ticket médio será no momento do lançamento ou no momento da maturação. Tudo isso depende do seu planejamento e também de como o seu público vê o seu posicionamento e o quanto seu produto é aceito no mercado.

Mensuração de Resultados em Tempo Real

Já foi dito anteriormente sobre a importância das métricas, e como você pode buscá-las e interpretá-las. A mensuração em tempo real funciona exatamente dessa forma, através das métricas de suas campanhas e de suas postagens, você conseguirá analisar em tempo real se a sua audiência está de fato consumindo o conteúdo que está sendo gerado, e se não, por que motivo ele não está dando certo, fazendo com que você consiga estar cada vez mais próximo do seu público e falando a mesma linguagem. Lembre-se sempre, caso um planejamento não esteja saindo como desejado, analise-o novamente e refaça o planejamento onde você entende que ele pode melhorar ou pode estar mais bem adequado a sua realidade naquele momento.

A sua Audiência e seus Clientes

Uma pergunta que ouço com muita frequência é: a sua audiência e seus clientes são a mesma pessoa? A resposta é simples: sim e não!

Existem grandes diferenças, embora esses dois públicos estejam correlatos, muitas vezes você pode ter pessoas que fazem parte da sua audiência, mas que não consomem seus produtos, ou clientes que já compram seus produtos, mas que ainda não conhecem seu trabalho digital. O objetivo é fazer com que você esteja sempre alinhado e que ao pesar todos esses fatores, você consiga encontrar o equilíbrio ideal. Pensando nisso, vamos agora compreender um pouco do que é o público.

Existe no Marketing, o conceito do público-alvo. O público-alvo nada mais é, do que uma segmentação de público consumidor de seus produtos. Uma forma de você conseguir compreender como é que você vai se comunicar com o seu público. Um exemplo de público-alvo seriam homens e mulheres de 25 a 30 anos, da Classe B, que possuem gatos em casa, ou então Gerentes de Marketing, de 25 a 40 anos, que trabalham em empresas no território brasileiro. Consegue compreender que o conceito de público-alvo pode ser bem segmentado, mas que muitas vezes ele não reflete a realidade e não faz com que nós possamos conseguir oferecer um serviço cada vez mais segmentado?

Exatamente por esse motivo, foram desenvolvidas formas diferentes de você conseguir abordar o seu público. Tudo começa no estudo do seu público-alvo, até que ele se torne a personificação do seu cliente ideal. Nós chamamos essa ferramenta de Persona. A Persona nada mais é do que um perfil sempre fictício do seu cliente ideal, baseado nos seus consumidores reais remetendo ao seu comprador ideal. Através desta estratégia, você consegue direcionar os seus esforços de forma muito mais assertiva. Ela também possibilita a criação mais segmentada e direcionada dos seus anúncios para as pessoas certas, além de auxiliar na economia de tempo e dinheiro. Veja abaixo um exemplo de Persona: Mariana, 25 anos: Graduada em Propaganda e Marketing e atualmente analista plena de marketing em uma Startup, é solteira e divide seu apartamento com um gato, que trata como filho. Ela queria passar mais tempo com seu pet, mas trabalha muito e não sabe como distraí-lo. Seu objetivo é comprar um produto que resolva a falta que o seu gato sente dela. Ela busca sua próxima promoção para Analista Sênior e vem se preparando para uma possível oportunidade futura de assumir um cargo de Gestão.

Conseguiu compreender a diferença clara entre público-alvo é persona? Conseguiu compreender também que eles caminham juntos e que um depende do outro?

A análise de segmentação do seu público é feita exatamente dessa forma. Primeiramente, nós analisamos o público-alvo e a partir do momento em que nós já estamos comercializando os nossos produtos e tendo cada vez mais relacionamento com o público, nós conseguimos desenvolver a nossa persona. Nesse momento, você pode estar se perguntando se realmente precisa desenvolver uma persona para se comunicar com o seu público e por esse motivo deixarei uma reflexão:

O que é mais fácil, falar diretamente para 5.000 pessoas ou falar diretamente para 1 representante de 5.000 pessoas? Acredito que sua resposta seja falar diretamente com o representante. Por esse motivo, a persona se torna imprescindível nas campanhas de marketing para negócios.

Lead

Analisando o conceito de lead, percebemos que eles são oportunidades de negócios. Mas não da forma literal, um lead é uma pessoa que foi atraída até você, através da sua campanha de inbound marketing. Por esse motivo ela é vista como uma oportunidade de negócio, uma oportunidade que você irá se relacionar a ponto de ser conduzida até à venda. Em outras palavras, um lead é um contato de alta qualidade captado através de estratégias de inbound marketing.

Funil de Vendas

Nesse momento, nosso trabalho de marketing começa a ficar cada vez mais próximo do comercial. Através da ferramenta de funil de vendas, nós conseguimos criar um caminho para que o nosso lead trilhe até chegar à venda final. Essa ferramenta, nada mais é do que uma representação do caminho que o cliente faz até fechar uma compra. Existem diversas formas de se fazer um funil de vendas. No primeiro momento, vamos compreender que precisamos atrair o nosso cliente, então ele estará na parte mais aberta do funil, no topo. Nesse momento ele ainda faz parte do tráfico. Na segunda etapa, ele passa a parte de conversão, quando ele já passa a ser um visitante da nossa página. A terceira etapa é quando ele se torna um líder e ele passa a se relacionar com sua marca. A quarta etapa da venda, é quando o líder já está preparado e recebe uma oferta de produto ou serviço. Após isso, ele chega à última etapa do funil que ele já é cliente. Nesse momento, o nosso trabalho consiste em administrar o pós-venda e possivelmente iniciar esse cliente em um novo funil de vendas. Veja abaixo algumas imagens representativas do funil de vendas.

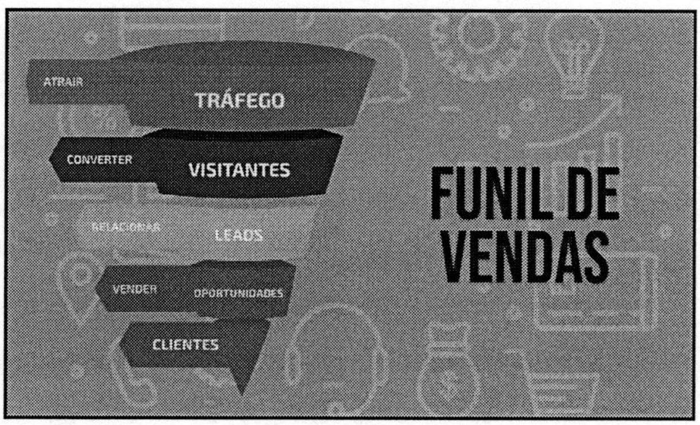

CRM

O sistema de CRM é um aplicativo de informação desenvolvido com o objetivo de auxiliar na gestão do relacionamento com o cliente. O CRM possui algumas funcionalidades, bem claras, como por exemplo, o cadastro de clientes, o registro das suas informações, registro de preferências e últimos contatos realizados com a sua empresa. Outro ponto muito importante é que através dele você consegue fazer o controle de follow-up. Caso você esteja se perguntando sobre a importância de uso do CRM, confira alguns benefícios que farão todo o sentido na sua gestão de novas formas de fazer negócios:

- Visão Ampliada do Negócio;
- Produtividade Sustentável;
- Controle de Follow-up de Venda;
- Inteligência de Planejamento Estratégico;
- Acompanhamento de desempenho;
- Aumento das vendas do Ticket Médio;
- Fortalecimento da marca.

SEO

Search Engine Optimization ou Otimização para Mecanismos de Busca, nada mais são do que as ações que contribuem para melhorar o potencial de ranqueamento de suas páginas e conteúdos, ajudando você a cumprir os principais pré-requisitos, exigidos pelas plataformas de pesquisa. Em outras palavras, é você utilizar palavras bem ranqueadas para associar seu conteúdo e mostrar aos algoritmos dos motores de busca que você está gerando conteúdo de qualidade e ele pode ser entregue para muito mais pessoas.

Existem hoje diversas plataformas no mercado que auxiliam você na busca por essas palavras ranqueadas. Essas plataformas te ajudam na análise dos seus concorrentes mostrando também, quais são as palavras mais utilizadas e qual é a pontuação que essas palavras atribuem ajudando você a colocar seu site nas primeiras páginas dos motores de busca.

CMS

Content Management System, ou seja, sistema de gestão de conteúdo. Nada mais é do que uma ferramenta que possibilita a produção, edição e publicação de conteúdo do ambiente online, sem a necessidade de conhecimentos técnicos em programação. Dessa forma, por meio de um CMS, é possível criar sites, blogs e outros portais de maneira simplificada.

Existem várias plataformas como essa no mercado e cada uma delas serve para um determinado tipo de negócio. Elas também são uma grande oportunidade para não desenvolvedores conseguirem viabilizar negócios digitais através de sites. O mais popular é o Wordpress, através desta plataforma, você faz parte de uma comunidade que está em todo o território mundial de pessoas que desenvolvem sites com essa tecnologia. Atualmente no mercado, ela não só é uma tendência estética e funcional, como também é muito popular. Além do WordPress existem também alguns outros, muito conhecidos no mercado, como por exemplo, o Magento, Drupal e Prestashop que são exclusivos para E-commerce.

CTA

O CTA que anteriormente foi falado, mas não muito explicado, nada mais é do que botões e chamadas de ação que direcionam os seus usuários visitarem uma página, para que continue no fluxo do seu funil de vendas e cheguem ao momento da compra preparados para o consumo. Os grandes exemplos de calltoaction ou botões de ação são: "clique aqui para saber mais", "compre agora", ou "adicionar ao carrinho".

Fluxo de Nutrição

O fluxo de nutrição é um processo de automação de marketing, onde uma ação do usuário é um gatilho para um fluxo de mensagens geralmente por e-mail marketing com o objetivo de ajudar seu visitante a caminhar pelo funil de vendas. Nesse caso o fluxo de nutrição é uma ação que acontece dentro do Funil de Vendas no momento de maturação do lead, a partir do momento em que essa pessoa aceita receber seus e-mails e aceita se relacionar com você, a nutrição funciona durante o período em que você vai fornecer conteúdo de valor para esse cliente, para ganhar a confiança e também a sua empatia. Depois desse período, esse cliente já vai confiar o suficiente na sua empresa e já vai conhecer os seus preceitos a ponto de se sentir seguro para efetuar uma compra e possivelmente se tornar um cliente recorrente.

Outbound Marketing:
O oposto do inbound marketing também pode ser chamado de marketing tradicional, em que os anunciantes usam a publicidade para ir até os consumidores ao invés de atraí-los até a sua marca. Geralmente está relacionado à interrupção, como nos comerciais de tv ou rádio. Essa modalidade, ainda muito utilizada, está muito presente nas mídia s de veículos. São clássicas, como por exemplo, prospecção ativa de empresas de propaganda de TV e rádio telemarketing, flyers, outdoors e mala direta.

Marketing de Conteúdo:
O Marketing de Conteúdo tem como objetivo, posicionar a sua marca no lugar e no momento certo da jornada de compra para oferecer as melhores soluções. Dessa forma, o Marketing de Conteúdo é o processo de publicar matérias e informações relevantes e valiosas a fim de atrair, converter e encantar uma audiência.

Blog
O Blog é imprescindível no marketing de conteúdo. Isso porque ele é um canal exclusivamente seu de comunicação com público sem interferências e distrações, que outros canais como redes sociais podem ter, ou seja, você pode publicar o que quiser, como quiser e a hora que quiser. Além de uma gran-

de facilidade para serem editados e administrados, eles também facilitam que empresas com pequeno ou grande porte no seu time de marketing, consigam tocar estratégias de maneira prática, econômica e rápida através de ações que ajudam cada vez mais a disseminar conteúdos de valor atrelados a sua marca.

Outra funcionalidade muito importante do blog é que uma vez, quando atrelado ao site da sua empresa, você consegue utilizar as palavras ranqueadas e aplicar técnicas de SEO em seus artigos ajudando a manter o seu site sempre bem ranqueado nos motores de busca.

Site Institucional

Muitas pessoas ainda hoje me perguntam se vale a pena desenvolver um site institucional, a resposta é simples e direta: SIM.

Através do site institucional, você terá um grande aumento da credibilidade com o seu público, além de um canal onde pessoas podem solicitar os seus produtos ou serviços e finalmente consumi-los, sem contar na ajuda que ele traz para sua empresa para conquista de boas relações e mecanismos de busca através da junção com blog.

Redes Sociais

Atualmente a maior fonte de interação com seu público está nas redes sociais, por esse motivo, um grande ponto de partida para que uma marca possa iniciar suas atividades e desenvolver grandes diálogos com seu público, é através delas. Esses canais são criados exatamente com esse objetivo de comunicação, influência e diálogo.

E-mail Marketing

O e-mail marketing é o processo de enviar mensagens com fins comerciais para grupos de contatos obtidos, por uma empresa na internet. O objetivo do e-mail marketing é criar relacionamento com o público e é a principal ferramenta de utilização do Funil de Vendas. Além disso, pode também ser utilizado no fortalecimento da sua marca em vendas diretas, comunicação com clientes e potenciais clientes.

Dentro da geração de conteúdo existem alguns tipos de comunicação. Destaco aqui os principais tipos de e-mail marketing para que te ajude no desenvolvimento do seu conteúdo para sua marca:

E-mail Informacional: Esse tipo de mensagem tem o objetivo de passar uma informação relevante para os seus contatos. Como o próprio nome diz, ele tem cunho informacional.

E-mail de Nutrição: Como citado, a etapa do funil onde o visitante do seu site passa a ser um lead é o momento de nutrição. Momento esse em que você enviará e-mails recorrentes com conteúdos para que ele perceba o quanto você consegue gerar valor nessas mensagens ou nessa comunicação de modo geral.

E-mail Educacional: Tem o objetivo de ensinar. A maioria está sempre focada em solucionar problemas ou esclarecer dúvidas.

Newsletter: É como um jornal eletrônico, onde você pode trazer novidades, notícias sobre sua marca ou produtos e também pode divulgar matérias, escrever mensagens, criar diálogos e também ofertar conteúdos.

E-mail Transacional: É um e-mail muito importante e precisa ser usado com muita atenção, esse tipo de mensagem sugere uma transação ou oferta e precisa ser destacado e recebido como tal. Nesse momento convém evitar exageros.

Checklist de Construção de Lista de E-mails

Passo 1: Escolher uma boa plataforma para gerir suas listas de e-mails;

Passo 2: Criar a integração entre seu site e essa plataforma;

Passo 3: Desenvolver uma newsletter, conteúdo de valor, descontos e ofertas incríveis;
Passo 4: Criar formulário de inscrição dentro do seu site que possa ser gerido pela plataforma de e-mail marketing;
Passo 5: Encontrar um tom de voz ideal para sua empresa e criar mensagens cativantes que se comuniquem com esse público;

Marketing de Afiliados

Nada mais é do que construir um time de vendas comissionado dos seus produtos. As principais plataformas do mercado que trabalham com esse tipo de ação, fazem toda administração financeira automaticamente onde os participantes do seu time cada um recebe o seu link e efetua a divulgação desse link para que sejam finalizadas as vendas. O algoritmo compreende através do link quem foi o vendedor que já direciona para ele a sua comissão.

Métricas

As métricas são os resultados de todas as ações que fazemos na internet. Através dessa leitura, podemos criar os indicadores que nos levaram a nortear de forma correta as nossas ações de marketing. Um grande ponto de virada de inovação dentro do marketing digital é o fato de termos a possibilidade da mensuração em tempo real das nossas ações.

Checklist das Principais Métricas:

Visitantes Únicos: É o número de pessoas que acessa a sua página. Cada visitante é contado apenas uma vez dentro do período de tempo indicado;
Sessões: É um conjunto de interações, levando em conta as visualizações de páginas e cliques que um mesmo usuário executa em um dado período;
Tráfego Orgânico: Fluxo de pessoas que acessam sua plataforma de forma espontânea;

Tráfego Pago: Fluxo de pessoas que acessam sua plataforma através de links patrocinados;
Taxa de Rejeição: É a porcentagem de usuários que realizam apenas uma visita sem realizar outras interações como cliques e visualizações nas páginas;
Taxa de Conversão: É a porcentagem resultante entre o número de visitas e o número de conversões realizadas;
Links externos: É o volume e a qualidade dos links vindos de outros domínios que direcionam para o seu site.

Checklist de Estratégia de Redes Sociais

Passo 1:

Estabelecer objetivos e metas: Cada rede social possui seu próprio funil e você deve considerar as métricas relevantes de cada etapa.

Passo 2:

Encontre as redes corretas: Instagram, Facebook, LinkedIn, Twitter entre muitas outras são canais completamente diferentes e que possuem particularidades, por esse motivo, é de extrema importância que você compreenda onde está o seu público e qual é o melhor canal para que você possa se comunicar com ele.

Passo 3:

Crie um perfil: Tenha bastante atenção aos tamanhos corretos das imagens e vídeos nas mídias sociais. Um fator de grande importância é você utilizar um design, um tom de voz que obedeça aos padrões da sua marca e que também se comunicam diretamente com o seu público prezando sempre por ser focado nos objetivos definidos no planejamento de marketing.

Passo 4:

Realize um Benchmarking: Esteja atento ao que os seus concorrentes estão fazendo. Leia blogs sobre assuntos relacionados e veja o que está sendo abordado. Se você tem concorrentes fortes, com toda a certeza eles sempre publicam coisas relevantes e é muito importante que você veja e possa aproveitar alguns desses assuntos para desenvolver conteúdos parecidos para sua empresa, a fim de criar também um pouco de aproximação com esse público.

Passo 5:

Defina um plano e um Calendário Editorial: É extremamente necessário para organizar as verbas e analisar o andamento de suas estratégias. Nunca deixe de utilizar seu calendário editorial e respeite com muito cuidado as datas e os horários de todas as publicações.

Passo 6:

Aprendendo com os resultados: Utilize sempre suas métricas e indicadores para compreender o sucesso ou insucesso das suas campanhas ou postagens. É de extrema importância que você utilize todos os artifícios que os blogs, sites e mídias sociais têm a te oferecer.

Conclusão

Apesar da enxurrada de novas informações que você recebeu dentro desse capítulo, é muito importante que a sua compreensão esteja diretamente ligada ao seu dia a dia a fim de que os preceitos ensinados até aqui possam ser percebidos e implantados em suas ações de novos negócios realizados. A sua atividade digital passa a ser imprescindível para que a sua empresa esteja pronta para estar no mercado. No mundo digital, a velocidade que as informações são disseminadas é bem maior do que muitas vezes nós podemos acompanhar, por esse motivo, agora com os conhecimentos de marketing que você possui, você passa a ter uma grande responsabilidade ética de pautar seu trabalho dentro das melhores práticas e tentar alcançar sempre os seus objetivos de Marketing preestabelecidos. **Nunca esqueça que no mundo digital, você é o que você compartilha.**

Referências Bibliográficas

KOTLER, PHILIP. e KELLER. Administração de Marketing, São Paulo: Pearson Universidades, 2019.

TRÍAS DE BES, FERNANDO E KOTLER, PHILIP. A Bíblia da Inovação - Princípios fundamentais para levar a cultura da inovação contínua às organizações, São Paulo: Leya, 2011.

PAKES, ALAN. Negócios Digitais, Aprenda a usar o real poder da Internet nos seus negócios, São Paulo: Gente, 2015

RIES, ERIC. A Startup Enxuta, Como Empreendedores Atuais Utilizam a Inovação Contínua para Criar Empresas Extremamente Bem-sucedidas, Rio de Janeiro: Leya, 2012.

KNAPP, JAKE. Sprint, O Método Usado no Google para testar e aplicar novas ideias em apenas cinco dias

LARROSSA, LUCIANO. Instagram, Whatsapp e Facebook para negócios, Como ter Lucro através dos três principais Canais de Vendas.

KOTLER, PHILIP. Marketing 5.0: Tecnologia para a Humanidade, São Paulo, Sextante

Fontes de Imagem:

https://www.google.com.br/url?sa=i&url=https%3A%2F%2Fexpertdigital.net%2Fo-que-e-um-funil-de-vendas-o-guia-para-construir-uma-maquina--de-venda-automatizada%2F&psig=AOvVaw0_6kECW_f3jEskqbhNZn9b&ust=1638856920356000&source=images&cd=vfe&ved=0CAwQjhxqFwoTCJCWsvy_zvQCFQAAAAA

Capítulo 7

Empreendedorismo e os Desafios da Proteção de Dados

*Angela Dias Mendes**

A inovação tecnológica criou modelos de negócios mais eficientes e adequados às exigências do mercado atual. Nesse cenário surgiu, no Brasil, a Lei 13.709, conhecida como Lei Geral de Proteção de Dados (LGPD) que regulamenta o tratamento dedados pessoais com objetivo de proteger os direitos fundamentais de liberdade e de privacidade e o livre desenvolvimento da personalidade da pessoa natural. Diante disso, objetivou-se no texto propor reflexões pelas lentes do empreendedorismo, acerca da incidência das exigências legais em microempresas e empresas de pequeno porte (ME, EPP). E, ainda, demonstrar a importância de se compreender o movimento inovador desenhado, propondo uma visão circunstancialmente flexível de alguns dispositivos legais, a fim de fomentar os processos de adequação e a conformidade com a lei.

Introdução

A inovação sempre esteve presente nas sociedades em virtude da constante necessidade de solucionar os mais diversos problemas (ZAWILASK, 1994). Há uma relação direta da inovação com a economia e, consequentemente, com o desenvolvimento. Por este motivo, as inovações tecnológicas seguem resultando em interações imprevisíveis que, por sua vez, promovem novos produtos, serviços, processos e geram novas formas de agir e pensar, num movimento cíclico disruptivo-cultural. Inclusive, Jonathan Weiner reconhece como inovador qualquer processo com capacidade de transformar a realidade física ou virtual ou, ainda, de modificar a função produtiva do objeto (WEINER, 2004).

No Brasil, a Lei 13.243/2016, conhecida como Marco Legal da Inovação, promoveu uma onda de estímulos para a pesquisa, a capacitação científica e tecnológica inovadora. O sistema incentivou o surgimento de novos arranjos institucionais, como Incubadoras e Núcleos de Inovação. Tais iniciativas passaram a contar com recursos púbicos e parcerias privadas visando o incremento de seus objetivos.[1] Tais organismos ressignificaram o mercado e seus investimentos. Dados do Instituto de Pesquisa Econômica Aplicada (IPEA) apontam detalhes desses investimentos e podem ser consultados para aprofundar o tema[2].

No setor público as iniciativas visaram, entre outras, ampliar o espectro tecnológico dos subsídios, fomentar iniciativas sociais, a educação tecnológica, aprimorar os serviços prestados à população e, consequentemente, o aumento da arrecadação. Os investimentos acolheram iniciativas locais que pudessem ser mais eficientes para ampliar a inclusão, pois elas elevariam o capital social das comunidades (MOULAERT, NUSSBAUMER, 2005, p. 2071-2088) com ampla participação do terceiro setor[3] (PAES, 2003) atuando por meio de projetos sociais.

---

*MENDES, Angela Dias. Doutora em Direito, Mestre em Direito econômico, Especialista em direito do Estado, Especialista em Planejamento e Gestão de Políticas Públicas, Professora universitária, Advogada, Diretora Geral do Escritório Brasil do CEA Digital Law, Professora colaboradora do Centro de Estudos Político-Estratégicos da Marinha do Brasil, Membro da Comissão de Direito Digital do IAB, Membro da Câmara Técnica de Inovação da UERJ.

[1] O Marco Legal da Inovação (Lei 13.243/2016) é uma lei conceitual, sendo possível identificar os termos utilizados neste capítulo, no artigo 2º. A lei estabeleceu um mapa geral das políticas de incentivo à inovação no Brasil. Disponível em: http://www.planalto.gov.br/ccivil_03/_ato2015-2018/2016/lei/l13243.htm. No entanto, em 2018 a lei foi alterada pelo Novo Marco Legal da Ciência Tecnologia e Inovação, conhecido como o Código CT& I. Disponível em: https://antigo.mctic.gov.br/mctic/export/sites/institucional/arquivos/ASCOM_PUBLICACOES/marco_legal_de_cti.pdf acessado em 5 fev 2021, acesso em 5 fev 2021.

[2] Novo Marco Legal do da Ciência e Tecnologia. Idem.

[3] De acordo com José Eduardo Sabo Paes (2003), o conceito de terceiro setor comporta a realização de objetivos sociais gerais, em benefício da sociedade. Segundo ele, o terceiro setor é formado por organismos, organizações ou instituições sem fins lucrativos dotados de autonomia e administração própria cuja finalidade social.

Recentemente, o Brasil instituiu o Marco Legal das Startups, através da Lei Complementar nº 182, em 2021, com pretensão de inserir o país no rol da inovação, através da redução das barreiras burocráticas que impedem o crescimento do setor, hoje fundamental para alicerçar o desenvolvimento das novas criações tecnológicas.

> As startups revelam uma das faces do empreendedorismo ao dominarem o ambiente tecnológico, com empresas desenvolvedoras de aplicativos, softwares, além de inúmeras soluções criativas para os mais diversos ramos de negócios, destacando-se especialmente, a Saúde e o setor Financeiro. Nesse sentido, é vital que a inovação tecnológica, seja "protegida pelos Estados que definem no direito de propriedade as regras para a transformação tecnológica" (NORTH, 1941, p. 47).

Com o advento da Lei Geral de Proteção de Dados (13.709/2018) um novo desafio se impôs no mercado, sobretudo para os empreendedores de pequeno e médio porte. Trata-se da proteção dos dados pessoais que a referida lei determina como obrigatória. É importante assinalar que tal exigência possui dimensão internacional. Há décadas que diversos Estados seguem na esteira da Declaração Universal dos Direitos do Homem que definiu em seu artigo 12, no ano de 1948 o direito à privacidade. Vê-se, então, que o tema tem origem remota e reflete o acúmulo histórico dos direitos humanos e dos valores democráticos que a sociedade decidiu resguardar.

Em vigor para os cidadãos europeus, destaca-se o Regulamento Geral de Proteção de Dados da União Europeia (*General Data Protection Regulation* – GDPR), com a qual o Brasil tem relações econômicas expressivas. Na América Latina destaca-se a Lei Geral 25.326 de 2000[4]e o Decreto Parlamentar nº

[4] *Proteccion de los Datos Personales.* Disponível em: https://www.oas.org/juridico/pdfs/arg_ley25326.pdfacesso em: 01 out 2020

1558/2001, ambos argentinos. Em igual importância, destaca-se a recente *California Consumer Privacy Act* – CCPA (Lei de Privacidade do Consumidor da Califórnia), que entrou em vigor em janeiro de 2020. Importante ressaltar que as pessoas jurídicas brasileiras que tenham relações com essas nações precisam estar em conformidade com tais regulamentos.

1. Inovação e Alteração do Tecido Social

Uma significativa contribuição foi trazida por Eduardo Pol e Simon Ville quando apontaram a essencialidade da pesquisa bibliográfica como hábil a identificar os principais conceitos e termos conexos que pudessem ampliar as fontes do conhecimento acerca do tema da inovação. Assim eles identificaram: inovação empresarial, inovação social e inovação tecnológica. No quadro abaixo se observa como os pesquisadores definiram os espaços de cada uma delas, suas confluências e divergências (POL et VILLE, 2009).

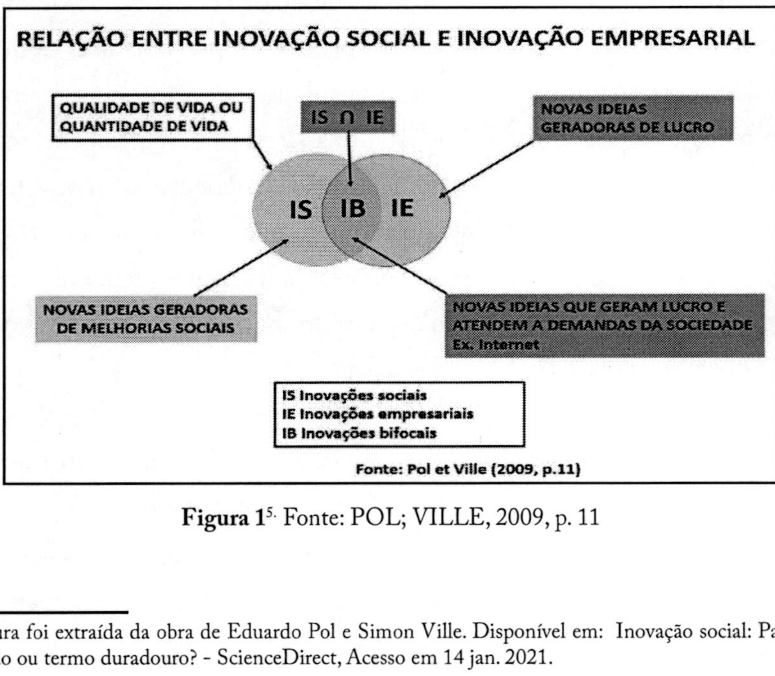

Figura 1[5]. Fonte: POL; VILLE, 2009, p. 11

[5] A figura foi extraída da obra de Eduardo Pol e Simon Ville. Disponível em: Inovação social: Palavra de zumbido ou termo duradouro? - ScienceDirect, Acesso em 14 jan. 2021.

A figura apresenta o termo inovação sob três aspectos definidos. Do ponto de vista empresarial, o lucro como objetivo. No entanto, pode ser que este também gere para o consumidor algum benefício, embora este não seja foco principal, já que sua finalidade é intrínseca ao lucro.

O segundo é a inovação social que não visa primariamente o lucro, mas a solução de um problema que afeta um ou vários grupos da sociedade. Destaca-se a relação direta entre a tecnologia e a geração de melhorias sociais, sendo, portanto, a finalidade social inerente à inovação.

Para Pol e Ville, as inovações bifocais são aquelas capazes de gerar lucro, ao mesmo tempo que, atendem às necessidades da sociedade. Ambas podem iniciar num campo e ser aproveitado em outro, assim como a internet, por exemplo, que teve uma aplicação militar para depois ser domesticada e popularizada.

A inovação tecnológica é essencial para ampliar a capacidade produtiva e a competitividade das empresas no setor privado. No setor público a premissa também é válida, pois os novos arranjos do planejamento governamental modernizam a prestação de serviço público, com vistas a ampliar a eficiência do Estado. Contudo, somente quando as mudanças tecnológicas são utilizadas em todo o processo de produção, desde mão de obra, é que elas criam valor agregado. Então será possível falar em inovação, porque o valor agregado decorre das mudanças que se derem em toda a cadeia produtiva. Desta forma, adquire-se melhor desempenho, aumentando o lucro e reduzindo os custos do negócio (CHRISTENSEN, 2001).

Porém, a inovação não se restringe ao setor produtivo. Na sociedade tecnológica disruptiva tem uma natureza diferenciada e está marcada pela multiplicidade de interações que promove – de forma mais ou menos intensa, todas as áreas do conhecimento são afetadas ao mesmo tempo, disparando efeitos diversos em cadeia. (HAMMARSJÖLD, 1975).

O pensamento econômico comporta várias correntes teóricas acerca do tema inovação. Como o presente texto não pretende realizar um ensaio econômico, as breves considerações aqui apresentadas guardam relação com o assunto proposto.

O economista austríaco Joseph Schumpeter definiu o conteúdo da inovação como passível de quatro dimensões específicas. A primeira identifica que há inovação quando um novo produto é criado; a segunda quando uma nova matéria-prima é utilizada na produção; a terceira, com a inserção de um novo processo de produção e a quarta com a identificação de um novo mercado consumidor.

> Outra interpretação foi delineada por Higachi (2006) a partir dos anos 90, que concebia as tecnologias como um bem economicamente apreciável e potencialmente rentável, assim ele justificava o investimento nesse setor e enfatizava os objetivos e resultados do processo produtivo que serão obtidos pela eficiência na gestão e em todo o processo produtivo.
>
> Schumpeter, como Higachi, apresenta uma visão finalística da tecnologia. Contudo, se descortinadas, pode-se perceber que ambas as abordagens demonstram uma relação praticamente invisível, capital versus trabalho, que Marx chamou de mais valia. Ou seja, o excedente da produção, obtido pelo aperfeiçoamento do processo produtivo e o aumento do lucro não repassado ao trabalhador.
>
> Na primeira metade do Século XX, o economista Álvaro Pinto (2005) considerou uma nova perspectiva de análise que seria a utilização ideológica da tecnologia pela estratégia de substantivá-la. Assim, ofusca-se a titularidade dos responsáveis pelas mazelas da hu-

manidade que estão por traz do termo tecnologia. Por isso, nota-se que em determinados momentos há uma tentativa de endeusar e, em outros, de demonizar a tecnologia, dependendo ambas as tentativas dos interesses mercadológicos envoltos na substanciação.

Não há dúvida de que a inovação é um fator primordial na configuração da sociedade tecnológica. Mas, décadas após a formação do tríplice hélice[6], os adeptos desse modelo desenvolvimentista vêm encontrando dificuldades em prosseguir com os investimentos em Pesquisa, Desenvolvimento e Inovação (PD&I). O alto nível de elaboração da inovação inicial que outrora havia incentivado a parceria entre Governo, Empresa e Academia, já não oferece tantas vantagens nos dias de hoje e são custosos para os investidores. Isto decorre de um fato inusitado: algumas inovações pesquisadas ao longo de anos nas Universidades e disponibilizadas para o mercado, rapidamente tornam-se obsoletas ou são copiadas, em curto espaço de tempo. Outras são aperfeiçoadas e retornam ao mercado em maior escala e com preço menor.

> Neste processo, o empresário pode também se transformar em vítima e dele ser excluído, caso não renove continuamente sua criatividade, mesmo porque sua capacidade não constitui um bem que, como outros, pode ser transmitida para seus herdeiros, por tratar-se de algo exclusivo de sua figura, uma condição praticamente inata ao indivíduo (OLIVEIRA, 2014, p. 2014).

[6] O modelo tríplice hélice surgiu com a introdução de um terceiro ator, a universidade, na dupla hélice criada pela parceria entre setor produtivo e Governo em meados do século XVIII. Esse conceito foi elaborado por Henry Etzkowitz e Loet Leydesdorff na década de 1990, com a publicação de *"The Triple Helix, University-Industry-Government Relations: A Laboratory for Knowledge-Based Economic Development"*. O conceito ficou conhecido com a formação do complexo de altas tecnologias, chamado Vale do Silício, nos Estados Unidos. Desde então tornou-se a base para o incremento da inovação. Disponível em: https://www.scielo.br/scielo.php?script=sci_arttext&pid=S0103-40142017000200023 Acesso em 18 jul 2020

Atualmente, pela concepção evolucionária da inovação, considera-se que outros atores sociais são capazes de inovar. Essa é a visão sistêmica da sociedade tecnológica com foco no movimento empreendedor para motivar o processo de criação de sua fase inicial até a difusão da tecnologia (COSTA, 2016, p. 281-307).

Semelhante visão está expressa no pensamento dos professores Cassiolato e Gordon (2019)[7] quando afirmam que a ausência de políticas de inovação adequadas ao ambiente inovador incorre em riscos e incertezas para o mercado. Há, portanto, a necessidade de elaborar alternativas viáveis que possam criar formas eficientes de suprir as necessidades da sociedade.

> No trabalho, fica claro que o governo, apesar de elaborar uma política de inovação avançada, na sua implementação, acabou deixando de estruturar uma política pública que fosse capaz de induzir mudanças no comportamento das empresas. Isso se deve, em grande medida, ao baixo uso de instrumentos de redução de risco e incerteza (GORDON; CASSIOLATO, 2019).

Na obra A Riqueza das Nações (1983), Adam Smith apontou que o mercado estaria em constante transformação, aprendendo com seus erros e aperfeiçoando-se. Hoje sabe-se que o processo criativo é ininterrupto e modifica-se continuamente. Por isso, a economia, política, mercado, empresa são transformados ao mesmo tempo em que todos alteram o tecido social. A capacidade de criar, elaborar, reelaborar, modificar e reinventar processos e coisas deu ensejo ao surgimento

---

[7] Ambos os professores realizam pesquisas no âmbito da Empresa Brasileira de Pesquisa e Inovação Industrial (EMPRAPII).

de novos microrganismos criativos, ágeis, verdadeiras máquinas de desenvolvimento e implementação de ideias inovadoras, entre elas as startups.

2. Disrupção e Transformação Tecnológica pela Inovação

O termo disrupção[8] está relacionado ao conceito de destruição criativa de Joseph Schumpeter. A disrupção rompe com o estado das coisas, transforma sua essência e altera toda a lógica moderna. Com isso, ela exerce um efeito avassalador sobre a sociedade, pois a velocidade de mudança está bem acima da capacidade humana de acompanhá-la. Na era virtual, as novidades geradas pela disrupção tecnológica não são apreensíveis pelo intelecto, mas pela sensibilidade, pois não há tempo hábil de processamento mental das mudanças. Eis um dos motivos para as novas tecnologias se aproveitarem da sensibilidade humana, através de cores, imagens e sons.

Joseph Schumpeter foi quem primeiro definiu a inovação como um processo ininterrupto de destruição criativa. Neoclássico liberal, ele não considerava o desenvolvimento como algo estacionário, mas dinâmico e em constante evolução.

> Sua principal obra, Teoria do desenvolvimento econômico, de 1911, afastou-se da tradição dessa escola de considerar o crescimento como dado, prisioneiro de um quadro estacionário, e colocou a economia em movimento, rompendo suas barreiras para a expansão da riqueza, por meio de um processo de "destruição criativa", comandado por um empresário inovador (OLIVEIRA, 2021).

[8] O termo disrupção, conforme o dicionário Aurélio, tem origem latina na palavra *disrumpere* que significa romper, quebrar, destruir. Analisando os idiomas italiano e espanhol também encontramos o verbo *romper*. Mas em alemão e francês há uma palavra bastante significativa, relacionada aos efeitos da disrupção, *störung e perturbation*, que poderíamos traduzir livremente por inquietação.

Esse processo de rompimento é intenso e resulta em efeitos dos mais diversos. Alguns deles são benéficos e outros não. Por exemplo, quando um trabalhador deixa de ser exposto aos altos fornos da indústria metalúrgica, substituído pela automação, é bastante vantajoso para ele, por resguardar sua integridade física e saúde. Da mesma forma, isso também é vantajoso para os detentores dos meios de produção, que têm seus custos reduzidos pela eficiência das máquinas.[9] Por outro lado, deparar-se com esse novo processo resultou em adoecimento psíquico, emocional, além do impacto econômico. O mesmo robô que controla os altos fornos é responsável por substituir vários trabalhadores e, consequentemente, reduzir o número de empregos, o que gera toda sorte de desagregação social.[10]

Talvez por isso a palavra disrupção tenha um sentido mais adequado se traduzida para o alemão e francês que a conceituam como perturbação e inquietação. Clayton Christensen cunhou o termo tecnologia disruptiva (traduzidos também inovação disruptiva). Segundo ele, a tecnologia é disruptiva quando é capaz de provocar uma ruptura dos padrões, dos modelos ou de outras tecnologias preexistentes no mercado (CHRISTENSEN, 2001). O autor também estampa na obra O Dilema da Inovação, o caráter empreendedor daquele que realiza a inovação e dos desafios no gerenciamento dos negócios inovadores, fazendo crer no caráter independente do mercado para promover desenvolvimento.

O processo disruptivo não seguiu um caminho aleatório, mas determinado por maciços investimentos de governos e grupos privados em tecnologias

[9] Palestra do Grupo de Interesse Ciência Engenharia Tecnologia Matemática e Inovação do Clube Naval/ Marinha do Brasil.

[10] Estudos do Fórum Econômico Mundial demonstram uma redução de cerca de 7 milhões de empregos. Disponível em: https://www.correiobraziliense.com.br/app/noticia/economia/2018/02/12/internas_economia,659340/tecnologia-vai-tirar-7-milhoes-de-empregos-ate-2021-afirma-estudo.shtmlAcesso em 7 jul 2020

inovadoras com vistas ao aumento da escala produtiva e a maximização do lucro. A disrupção atingiu os processos de gestão, os de produção, as estruturas sociais, os meios de investigação e pesquisa, fazendo-se sentir, também, nos indivíduos, particularmente considerados, modificando radicalmente sua forma de ser e pensar, isso independentemente do sistema político dos países, após a Segunda Grande Guerra. Contudo, as condições históricas que permitiram o surgimento da revolução industrial, sobretudo o advento das máquinas e da produção em série, deu início ao rompimento dos vínculos dessas nações com estruturas centralizadas e ampliaram o livre mercado. Ressalte-se o estímulo à concorrência e à inovação proporcionados pelas revoluções burguesas do Século XVIII na Europa e nos EUA, marcos de um novo sistema regulatório e legal que estimulou a acumulação, tendo sido criados mecanismos legais que adaptaram as transformações econômicas e sociais ao sistema político vigente (ROSENBERGE ET BIRDZELL, 1968).

Uma das condições para o crescimento econômico é a liberdade dos cidadãos para empreender, o que implica, necessariamente, que haja um ambiente favorável para que as escolhas aconteçam de fato. Do contrário, ou seja, não havendo possibilidade de realizar escolhas, não há liberdade (SEN, 2000). Assim podemos inferir que maior liberdade haverá na medida em que maiores opções houver, proporcionando mais chances de escolhas.

Podemos ainda deduzir que as escolhas da liberdade estão intimamente conectadas ao exercício dos direitos fundamentais, os quais compõem o núcleo do Princípio da Dignidade Humana (Art. 22, da DUDH e no art. 1º, III da CRFB/1988). Desta forma, o desenvolvimento econômico está incluso no escopo finalístico o desenvolvimento da pessoa e como consequência sua liberdade de inovar, cuja possiblidade é plena no Brasil[11] e de base constitucional,

[11] Entre os direitos da pessoa, encontra-se o direito à propriedade intelectual: é um direito fundamental consagrado no art. 5º, XXIX, da CF/1988 e regulado pela Lei nº 9.279/96 (Lei da Propriedade Intelectu-

de acordo com os artigos 218 e 219 da Constituição.

> Art. 218. O Estado promoverá e incentivará o desenvolvimento científico, a pesquisa, a capacitação científica e tecnológica e a inovação.
> [...]
>
> Art. 219. O mercado interno integra o patrimônio nacional e será incentivado de modo a viabilizar o desenvolvimento cultural e socioeconômico(sic), o bem-estar da população e a autonomia tecnológica do País, nos termos de lei federal.
>
> Parágrafo único. O Estado estimulará a formação e o fortalecimento da inovação nas empresas, bem como nos demais entes, públicos ou privados, a constituição e a manutenção de parques e polos tecnológicos e de demais ambientes promotores da inovação, a atuação dos inventores independentes e a criação, absorção, difusão e transferência de tecnologia (CRFB/1988).

A liberdade de inovar é uma garantia constitucional para o pleno desenvolvimento da sociedade, por isso cerceá-la implicaria em riscos ao crescimento do país. Essa é, inclusive, uma abordagem sustentada pela Avaliação Tecnológica Construtivista (CTA)[12] apresentada em oposição à Collingridge. Para os cons-

---

al). O fundamento da proteção está na relevância do interesse social e no desenvolvimento tecnológico e econômico do país que fundamenta essa proteção. "Art. 5º Todos são iguais perante a lei, sem distinção de qualquer natureza, garantindo-se aos brasileiros e aos estrangeiros residentes no País a inviolabilidade do direito à vida, à liberdade, à igualdade, à segurança e à propriedade, nos termos seguintes:

"XXIX - a lei assegurará aos autores de inventos industriais privilégio temporário para sua utilização, bem como proteção às criações industriais, à propriedade das marcas, aos nomes de empresas e a outros signos distintivos, tendo em vista o interesse social e o desenvolvimento tecnológico e econômico do País".

12 Entre os autores do Paradigma CTA estão Van Eijndhoven (*Technology Assessment: product or process.*

trutivistas, (AVENIL; PRADO, 2014). a inovação é um processo evolucionário, de tentativa e erro, o que pressupõe liberdade para que o agente possa adaptar, mudar e propor – conforme tentativa e erro, novas soluções tecnológicas que melhor correspondam aos anseios empreendedores e aos fins por eles perseguidos.

4. Empreendedorismo e Inovação

O processo de inovação construído paulatinamente no Brasil sofre forte influência do empreendedorismo. A prosperidade é a marca dos empreendedores que arriscam novas empreitadas em busca da realização de novos projetos que contribuem para o desenvolvimento do país de forma original e arrojada.

O empreendedorismo pode ser identificado sob várias perspectivas, mas se destacam as *startups*. Aliás, elas manifestam a chamada teologia da prosperidade[13] (OLIVEIRA, 2018), amplamente empregada em palestras motivadoras para os empreendedores do futuro. Consideradas empresas modernas, com roupagem flexível do ponto de vista da conformação jurídica, avessas à configuração tradicional de contratação de pessoas[14] e antigas linhas de montagem, elas dis-

Technological Forecasting and Social Change(1992) e J. w Schot (Constructive Technology Assessment and Technology Dynamics: The Case of Clean Technologies. Science, Technology, & Human Values-1992). Disponível em: Dilema-Paradoxo Collingridge Artigo UNB.pdf Acesso em: 3 mar 2020

[13] O termo foi empregado no artigo de Felipe Oliveira disponível em: https://www1.folha.uol.com.br/mercado/2018/12/mundo-de-ilusoes-de-startups-e-alvo-de-escritor-anonimo.shtml, Acesso em 20 dez 2020.

[14] Sobre vínculo empregatício, recente decisão da Suprema Corte do Reino Unido, em 19 de fevereiro de 2021 considerou haver vínculo de trabalho no contrato que a Uber London realiza com seus motoristas, conforme segue: *39* Após audiência preliminar, o Tribunal do Trabalho decidiu que os requerentes eram "trabalhadores" que, embora não empregados com contrato de trabalho, trabalhavam para a Uber London sob "contratos de trabalho" na acepção da parte (b) da definição legal citada em parágrafo 35 acima. O tribunal concluiu ainda que, para os fins da legislação pertinente, os requerentes trabalhavam para a Uber London durante qualquer período em que um requerente (a) tinha o aplicativo Uber ativado, (b) estava dentro do território em que estava autorizado a trabalho, e (c)era capaz e estava disposto a aceitar atribuições (tradução livre). Disponível em: https://www.supremecourt.uk/watch/uksc-2019-0029/judgment.html Acesso em 19 fev 2021.

> põem de uma arquitetura despojada a fim de manter o ambiente de integração do seu time[15] moderno e versátil. Além disso, são caracterizadas por serem inovadoras e empreendedoras na busca por seu objetivo específico que é o de sanar o problema definido pelo investidor. Por contarem com uma configuração simplificada e dinâmica, apresentam soluções tecnológicas rápidas e adequadas às exigências da nova sociedade tecnológica, que acabam por se tornar parte do próprio negócio da startup e agregam valor ao nome.[16]

O Marco Legal das Startups no país foi instituído pela Lei Complementar nº 182, de 1º de junho de 2021 com pretensão de inserir o país no rol da inovação, através da redução das barreiras burocráticas que impedem o crescimento do setor, hoje considerado fundamental para alicerçar o desenvolvimento das novas criações tecnológicas.

> Para compor o modelo liberal de reformar, a Lei 13.874/2019, conhecida como Lei da Liberdade Econômica[17], aprovada pelo impulso da Crise Sanitária do Coronavírus[18], criou as condições favoráveis para flexibilizar as relações de trabalho no país. Na exposição de motivos da Medida Provisória 881, de 30 de abril de 2019 que gerou a referida lei, a liberdade econômica é exposta como um pré-requisito

---

[15] Novo termo utilizado para se referir ao conjunto dos funcionários das startups.

[16] Associação Brasileira de Startups. Disponível em: https://abstartups.com.br/como-criar-uma-startup-do-zero-o-guia-definitivo/?gclid=EAIaIQobChMIlqv47dKD7gIVDRGRCh2RRAiOEAAYASAAEgJw4PD_Bw Acesso em 20 dez 2020.

[17] Disponível em: http://www.planalto.gov.br/ccivil_03/_ato2019-2022/2019/lei/L13874.htm

[18] Em 20 de janeiro de 2020 a Organização Mundial de Saúde (OMS) anunciou que o surto da doença causada pelo novo corona vírus constituía uma *Emergência de Saúde Pública de Importância Internacional* e declarou o nível mais alto do alerta, conforme o Regulamento Sanitário Internacional. Logo em seguida, em 11 de março de 2020, foi declarada a pandemia pela COVID-19. Maiores informações podem ser obtidas na página da OMS disponível em: https://www.google.com.br/aclk?sa=l&ai=DChcSEwiQwY_o4d_vAhWOg5EKHcqHDYUYABAAGgJjZQ&ae=2&sig=AOD64_2HFx1PhH0RU5SsSoQWa5EX4k-oTg&q&adurl&ved=2ahUKEwjg04bo4d_vAhXfHrkGHYdhCPwQ0Qx6BAgDEAE Acesso em 3 ago 2020

necessário e urgente para que "todas as políticas públicas de educação, tecnologia, produtividade e inovação" tenham "de fato um efeito real sobre a realidade econômica do País, sob pena de privilegiar somente uma elite," podendo deduzir-se daí que a lei destina-se a atender demandas de classes menos privilegiadas do setor empresarial e empreendedorismo brasileiro[19].

O acelerado processo de inovação segue a passos largos no sistema financeiro brasileiro recebendo influência dos modelos internacionais, sobretudo de países como os Estados Unidos e o Reino Unido. Um exemplo é o caso do *Sandbox*[20] regulatório, lançado pelo Banco Central em 2020, para fortalecimento do ambiente inovador. O modelo foi idealizado pelo *Financial Conduct Authority* (FCA), órgão regulador financeiro do Reino Unido e opera em outros países de forma independente, sendo financiado pelo pagamento das taxas cobradas dos membros[21]. O FCA funciona como orientador, diagnosticando os entraves existentes no mercado em que atua. O destaque está na *constructive deterrence* que objetiva construir estruturas mais adequadas à realidade atual, incluindo incentivos para os mercados com objetivo de reduzir a margem de erros nos planos de ações e investimentos.[22]

---

[19] Exposição de motivos disponível em: https://www2.camara.leg.br/legin/fed/medpro/2019/medidaprovisoria-881-30-abril-2019-788037-exposicaodemotivos-157846-pe.html Acesso em 9 fev 2021

[20] No Brasil, o Banco Central (BC) e o Conselho Monetário Nacional (CMN) aprovaram, em outubro de 2020, o *sandbox* regulatório cuja modalidade se alinha ao formato e necessidades das *startups* testarem suas criações inovadoras, durante um prazo determinado, para o mercado financeiro ou de pagamento (Sistema de Pagamentos Brasileiro). Uma união aparentemente perfeita entre a liberdade do exercício dos negócios inovadores e a flexibilidade das responsabilidades dos investidores desses mesmos negócios. Disponível em: https://www.bcb.gov.br/estabilidadefinanceira/sandbox#:~:text=O%20Sandbox%20Regulat%C3%B3rio%20%C3%A9%20um%20ambiente%20em%20que,a%20realiza%C3%A7%C3%A3o%20controlada%20e%20delimitada%20de%20suas%20atividades. Acessado em 09 dez 2020

[21] Disponível em: www.fca.org.uk. Acesso em 05 jan 2021

[22] Maiores detalhes sobre a atuação da FCA podem ser encontrados nos relatórios anuais. Disponível em:

Os diagnósticos realizados pela FCA demonstram preocupação reiterada com a regulação dos países e apontam soluções para reduzir os entraves que inibem investimentos e a *effective competition*. Nesse caso, indica a reformulação de estruturas institucionais (*creating the structures and incentives for markets)* e a regulação *sandbox* para construir novos ambientes inovadores.[23]

O Banco Central(BC) publicou em sua página oficial a necessidade de definir "regras de prevenção à lavagem de dinheiro e de combate ao financiamento do terrorismo", além de outras normas sobre o "atendimento de reclamações realizadas por seus clientes e usuários". Ademais, o "respeito à integridade, confiabilidade, segurança e sigilo no ambiente *sandbox* regulatório do BC."[24]

> Todo o conjunto de fatos aqui apresentados revela o quanto é vital para o Direito desenvolver um novo olhar jurídico para a sociedade atual, com suas desafiantes características. Hoje o mundo é hiper conectado e caminha a passos largos para tornar-se completamente digitalizado. Ressalte-se que a busca por novo escopo regulatório das tecnologias, incluir relevantes reflexões acerca de seus impactos e criar limites para minimizar resultados discriminatórios e desagregadores no plano social é uma condição imprescindível para a garantia dos pilares da democracia.

5. Empreendedorismo e Adequação à LGPD

A LGPD surgiu num momento em que a inovação se casou com o empreendedorismo. Conforme vimos neste texto há um movimento contínuo e ascendente de desenvolvimento fomentado pela inovação, sobretudo na área

---

https://www.fca.org.uk/publication/corporate/annual-report-2015-16.pdf. Acesso em 06 jan 2021.

[23] Idem.

[24] Disponível em: https://www.bcb.gov.br/estabilidadefinanceira/sandbox Acesso em 06 jan 2021

tecnológica. Desse movimento fazem parte o microempreendedor individual (MEI), microempreendedor/empresário (ME) e o empreendedor de pequeno porte (EPP), aqui interessando apenas os dois últimos. As diferenças entre elas estão descritas nas leis de criação, sendo a primeira, a Lei Complementar nº 128/2018 e as outras duas, na Lei Complementar 123/2006 que poderão ser consultadas para maior aprofundamento.

Dados do SEBRAE[25] indicam que essas empresas perfazem o total de 99% das empresas brasileiras, sendo 18,3 milhões de pequenos negócios, sendo o MEI equivalente à 11 milhões. Ainda segundo este órgão, o Sudeste concentra 51%, seguido pelo Sul do país, com 18% dos empreendedores do país.

Outro dado interessante se refere à geração de emprego. As empresas de pequeno porte geram três vezes mais empregos que as médias e grandes empresas, sendo responsável por 70% dos empregos gerados em 2021 e resultam em 30% do PIB do país.

Os números são indicadores que auxiliam reflexões e políticas públicas mais adequadas à realidade social. Nesse sentido, a evidente relevância desse tipo negocial aponta para a necessidade deflexibilizar, ao menos parcial e circunstancialmente alguns dispositivos da LGPD para fomentar seu crescimento e garantir a continuidade linear e ascendente dos negócios.

Há evidências, também, de que ainda é necessário se debruçar sobre alguns aspectos do tema, o que acertadamente fez a Autoridade Nacional de Proteção de Dados (ANPD) ao abrir Consulta Pública para ouvir especialistas no tema sobre aplicação de prazos, multas e a obrigatoriedade do cumprimento da LGPD.

---

[25] SEBRAE. Disponível em: https://www.agenciasebrae.com.br/sites/asn acesso em 18 nov 2021

Albert Hischman (1996) previa que a igualdade das pessoas seria atingida quando a melhoria da qualidade de vida das pessoas fosse vista como uma possibilidade e não como uma probabilidade. Em caminho semelhante, Amartya Sen (2001) considera que a igualdade é o ponto de interseção entre cidadania e desenvolvimento econômico.

> [...]o que as pessoas conseguem positivamente realizar é influenciado por oportunidades econômicas, liberdades políticas, poderes sociais e por condições habilitadoras como boa saúde, educação básica e incentivo e aperfeiçoamento de iniciativas.
>
> Essas liberdades substantivas (ou seja, a liberdade de participação política ou oportunidade de receber educação básica ou assistência médica) estão entre os componentes constitutivos do desenvolvimento. Sua relevância para o desenvolvimento não tem de ser estabelecida *a posteriori,* com base em sua contribuição indireta para o crescimento do PNB ou promoção da industrialização. O fato é que essas liberdades e direitos também contribuem muito eficazmente para o progresso econômico (SEN, 2000).

Nesse sentido, devem-se remover os obstáculos impeditivos da redução das diferenças sociais. Esta é a finalidade do desenvolvimento que considera, além da modernização, do progresso e do acúmulo de riqueza, também o aspecto das liberdades substantivas com as quais as pessoas têm liberdade real de suprir todas as suas necessidades.

6. ANPD e o Princípio da Igualdade Substancial em apoio aos Pequenos Empreendedores

A Lei Geral de Proteção de Dados impõe a todos os agentes de tratamento[26] a obrigação de proteger os dados pessoais com objetivo de proteger os direitos fundamentais de liberdade e de privacidade e o livre desenvolvimento da personalidade da pessoa natural. A lei somente excluiu do seu escopo alguns agentes especificados no art. 4º e, mesmo assim, cabe a análise tipológica do dado, bem como seu uso, casuisticamente. Isto quer dizer que é necessário compreender os fatos com especial atenção para identificar qual o prisma dessa exceção legal.

As sanções administrativas previstas no art. 52 da LGPD são uma forma de impulsionar ações que visem criar uma política de segurança da informação, a manutenção de meios seguros de armazenamento dos dados dos cidadãos tratados pelas empresas, bem como o incentivo de uma nova cultura da proteção e uma nova governança que privilegie o direito à privacidade e ao livre desenvolvimento da personalidade.

Diante disso, a Autoridade Nacional de Proteção de Dados (ANPD), órgão regulador cuja competência assinalada no art. 55-J descortina a missão do próprio órgão que antes de ser um chicote autoritário pode e deve revelar-se em importante instrumento de orientação pedagógica de todos os agentes de todas as partes envolvidas, sobretudo, dos agentes de tratamento.

O inciso XVIII, do art. 55-J é certeiro quando impõe o dever de orientação da ANPD e de aplicação de prazos diferenciados para as microempresas e

[26] Tratamento, conforme o art. 5º, X, da LGPD é toda operação realizada com dados pessoais, como as que se referem à coleta, produção, recepção, classificação, utilização, acesso, reprodução, transmissão, distribuição, processamento, arquivamento, armazenamento, eliminação, avaliação ou controle da informação, modificação, comunicação, transferência, difusão ou extração.

empresas de pequeno porte. O legislador anteviu, entre outras coisas, o árduo processo de adaptação desse tipo negocial e cuidou para que o dispositivo legal indicasse um tratamento diferenciado a fim de que se respeitasse o Princípio da Igualdade Substancial. Nesse caso a igualdade somente é alcançada quando há nivelamento das diferenças. Afinal, toda diferença implica em desarmonia.

Ora, há uma grande diferença entre o volume de recursos movimentados pelas empresas de pequeno porte e as de grande porte. Outra diferença é estrutural que acaba por criar um abismo entre ambas, afinal, muitas empresas de pequeno porte ainda realizam atividades de maneira artesanal.

A Pandemia do Coronavírus trouxe ainda mais preocupação para o setor de pequeno porte. A maioria realizou uma migração forçada para a virtualização de suas atividades, conforme o escopo, evidentemente. Ocorre que a adequação à LGPD se tornou obrigatória justamente num período em que o país vivia um momento de crise financeira. Os investimentos para implantar uma nova política de segurança da informação, para capacitar equipes, contratar novos profissionais e reestruturar processos internos de coleta, cadastro, armazenamento de dados, entre outras necessidades trouxe grande preocupação para o setor.

Diante dos fatos, o papel da ANPD torna-se ainda mais relevante, pois dela dependerá a fiscalização e aplicação de sanções conforme determinação legal. Por isso, um olhar sistêmico que considere as diferenças entre os agentes de tratamento e seus recursos financeiros, administrativos e humanos é fundamental para promover a igualdade entre todos e, assim, promover justiça.

Considerações Finais

A Constituição da República de 1988 inaugurou um novo regime no Brasil, consagrando direitos na ordem interna. Decorridos mais de 30 anos, os reflexos dessas garantias estão presentes na introjeção de direitos no tecido social, sendo um bom exemplo o direito à proteção dos dados pessoais dos cidadãos.

Com o advento da Lei Geral de Proteção de Dados, todas as pessoas jurídicas, públicas e privadas, deverão realizar um esforço de promoção de uma nova cultura da proteção. Essa é uma exigência mundial que se alastra na ordem interna brasileira e altera profundamente as relações entre empresas e entre estas e seus clientes. A imagem é a maior preocupação para as empresas, porque aquelas que não se adaptarem, correrão o risco de mancharem a imagem perante os clientes. Mas os investimentos para estar em compliance com a lei demandam um volume de recursos que pode ser pesado para as empresas de pequeno porte. Além disso, não há profissionais disponíveis no mercado, sendo os mais bem preparados cooptados pelas grandes empresas que conseguem remunerar com maior salário.

Os desafios do processo de adequação à LGPD devem ser enfrentados pelos atores envolvidos no sistema da proteção, sendo certo que o papel desempenhado pela Autoridade Nacional de Proteção de Dados pode ser pedagógico e propagador da igualdade de tratamento, se considerar as diferenças de ordem objetivas, como os recursos disponíveis, por exemplo.

A LGPD é obrigatória, mas sua aplicação não pode prescindir das particularidades das empresas de pequeno e médio porte. Por isso, a publicação do Guia de Orientação para Microempresas e Empresas de Pequeno Porte e a realização de Audiência Pública para debater a especialidade dessas empresas foi um importante passo que demonstrou um trato especial e necessário, consoante à atual realidade desses empreendedores. Nessas circunstâncias, o tratamento diferenciado permitirá alcançar a igualdade e, consequentemente, nesse caso concreto, realizar a justiça.

Referências Bibliográficas

AVENIL, Alessandro; PRADO, Marcel Menezes de Andrade. **Paradoxo de Collingridge e a avaliação da inovação**. Revista eletrônica Gestão & Saúde. Brasília: UNB, ISSN: 1982-4785. 2014.

ARGENTINA. **Lei Geral 25.326 de 2000**. *Ley de Protección de los Datos Personales*. Disponível em: https://www.argentina.gob.ar/normativa/nacional/ley-25326-64790 Acesso em 01 out 2020.

BRASIL. **Constituição da República Federativa do Brasil**. Presidência da República. Casa Civil. 1988. RASIL. Constituição da República Federativa do Brasil (1988). Disponível em: http://www.planalto.gov.br/ccivil_03/constituicao/constituicao.htm. Acesso em 8 mar 2019.

BRASIL **Lei 13.246 de 12 de janeiro de 2016**. Institui o dia 31 de outubro como Dia Nacional da Proclamação do Evangelho e dá outras providências. Disponível em: http://legislacao.planalto.gov.br/legisla/legislacao.nsf/Viw_Identificacao/lei%2013.246-2016?OpenDocument Acesso em 5fev 2020.

BRASIL **Lei 13.709 de 14 de agosto de 2018**. Lei Geral de Proteção de Dados Pessoais (LGPD) Disponível em: http://legislacao.planalto.gov.br/legisla/legislacao.nsf/Viw_Identificacao/lei%2013.709-2018?OpenDocument Acesso em 18 fev 2020.

BRASIL **Lei 13.874 de 20 de setembro** 2019. Institui a Declaração de Direitos de Liberdade Econômica; estabelece garantias de livre mercado; altera as Leis nºs 10.406, de 10 de janeiro de 2002 (Código Civil), 6.404, de 15 de dezembro de 1976, 11.598, de 3 de dezembro de 2007, 12.682, de 9 de julho de 2012, 6.015, de 31 de dezembro de 1973, 10.522, de 19 de julho de 2002, 8.934, de 18 de novembro 1994, o Decreto-Lei nº 9.760, de 5 de setembro de 1946 e a Consolidação das Leis do Trabalho, aprovada pelo Decreto-Lei nº 5.452, de 1º de maio de 1943; revoga a Lei Delegada nº 4, de 26 de setembro de 1962, a Lei nº 11.887, de 24 de dezembro de 2008, e dispositivos do Decreto-Lei nº 73, de 21 de novembro de 1966; e dá outras providências. Disponível em: http://legislacao.planalto.gov.br/legisla/legislacao.nsf/Viw_Identificacao/lei%2013.874-2019?OpenDocumentAcesso em 11 mai 2020.

BRASIL **Lei Complementar nº 182, de 1º de junho de 2021**. Institui o marco legal das startups e do empreendedorismo inovador; e altera a Lei nº 6.404, de 15 de dezembro de 1976, e a Lei Complementar nº 123, de 14 de dezembro de 2006. Disponível em: http://legislacao.planalto.gov.br/legisla/legislacao.nsf/Viw_Identificacao/lcp%20182-2021?OpenDocument Acesso em 18 fev 2020.

CHRISTENSEN, Clayton M. **O dilema da inovação**. São Paulo: M. Books, 2011.

COMISSÃO INTERAMERICANA DE DIREITOS HUMANOS. **Declaração Americana dos Direitos e Deveres do Homem**. Assembleia Geral da ONU, Nova Iorque, 1948. Disponível em: https://www.cidh.oas.org/basicos/portugues/b.Declaracao_Americana.htm Acesso em 23 ago 2019.

COSTA, Aquyles Barbosa da. **O desenvolvimento econômico na visão de Joseph Schumpeter.** Cadernos Porto Alegre: Instituto Humanitas Unisinos, Ideias. ano.4. n.47, 1679-0316, 2006.

ESPANHA. **Constituición España**. Disponível na *Agencia Estatal Boletín Oficial del Estado* em: https_www.boe.es/ Acesso em 26 ago 2020.

ESPANHA. ***Ley Orgánica 3/2018*** *- Protección de Datos Personalies y garantia de los derechos digitales.* Disponível na *Agencia Estatal Boletín Oficial del Estado* em: https_www.boe.es/ Acesso em 26 ago 2020.

HIGACHI, Hermes. **A Abordagem Neoclássica do Progresso Técnico**. Org. Pelaez V, Szmrecsányi T, eds. Economia da Inovação Tecnológica. São Paulo: Editora Hucitec, 2006.

HIRSCHMAN, Albert O. (1958). ***The strategy of economic development.*** **Yale University Press, 1965.**

MOULAERT, F.; NUSSBAUMER, J. ***Defining the social economy and its governance at the neighbourhood level: A methodological reflection.*** *Urban Studies*, vol. 42, no 11, p. 2071-2088, 2005.

NORTH, Douglass Cecil. ***Structure and Change in Economic History***. New York: W. W. Norton, p. 47, 1981.

OLIVEIRA, Fabrício Augusto de. **Schumpeter: a destruição criadora e a economia em movimento**. Disponível em: https://www.ufjf.br/heera/files/2009/11/SchumpeterUFJF-2-para-pdf.pdf 2018. Acessado em julho de 2021.

PAES, José Eduardo Sabo. **Fundações e entidades de interesse social: aspectos jurídicos, administrativos, contábeis e tributários**. 4ª ed., ver., atual. E ampli. de acordo com a Lei 10.406, de 10.1.202 (Novo Código Civil brasileiro). Brasília: Brasília.

PINTO, Álvaro Vieira. **O conceito de tecnologia**. vol I. Rio de Janeiro: Contraponto Editora, 2005.

POL, Eduardo; VILLE, Simon. ***Social innovation: Buzz word or enduring term?*** 2008. 8 f. School Of Economics, University Of Wollongong, Australia, 2009. Disponível em: Inovação social: Palavra de zumbido ou termo duradouro? - ScienceDirect DOI: https://doi.org/10.1016/j.socec.2009.02.011 2009 Acesso em 4 jan 2021.

REIDENBERG. Joel R. *Lex Informatica:* ***A Formulação de Regras de Política de Informação Através da Tecnologia***. 76 Tex. L. Rev. **553 (1997-1998)** Disponível em: https://ir.lawnet.fordham.edu/faculty_scholarship/42 Acesso em 27 jul.

ROSENBERG, Nathan e BIRDZELL Jr, L. E. **A história da riqueza do ocidente. A transformação econômica do mundo industrial.** São Paulo: Editora Record, 1986.

SCHUMPETER, Joseph Alois. ***Theory of economic development***. Amazon, E-book ISBN 9786586079470.

SEN, Amartya Kumar. **O desenvolvimento como liberdade**. São Paulo: Cia. das Letras, 2000.

____________. **Desigualdade Reexaminada**. RJ: Record, 2001.
SMITH, Adam. **A riqueza das nações**. Vol. I, Nova Cultural, 1988.

UNIÃO EUROPEIA. **Regulamento Geral de Proteção de Dados**. Disponível em: https://eur-lex.europa.eu/legal Acesso em 25 out 2020.

WEINER, Jonathan b.***The Regulation of Technology, and the Technology of Regulation, Technologyin Society***, 483-500, 2004.Disponível em: https://scholarship.law.duke.edu/faculty_scholarship/1163. Acesso em 18 fev 2021.

ZAWISLAK, P. A. **A relação entre conhecimento e desenvolvimento: essência do progresso técnico.** Porto Alegre: Departamento de Economia da UFRGS, 1994.

Capítulo 8

CSV - Comunicação Sem Violência e Novos Modelos de Negócio – "WinWin"

Profa Dra. Marinilza Bruno de Carvalho

1. Introdução

Estamos vivendo um momento único nas nossas vidas.

Estudamos e lemos sobre várias crises que existiram no mundo e como as pessoas se reinventaram e se recuperaram destes momentos de crises que assolaram o mundo inteiro.

Bem, acredito que agora, nós também faremos parte da história do mundo, evidentemente, não por gosto ou escolha, mas porque sobreviveremos e teremos o que contar, de como o século 21 cuidou, sobreviveu e se reinventou ao COVID 19, no mundo e as crises, financeira e política, do Brasil.

Com o dólar na casa de 5x o Real, as novas tecnologias da IA - Inteligência Artificial, o IOT (internet das coisas), o 5G às portas do país, já em execução em outros países e o trabalho remoto com redes frágeis, nós poderíamos estar de joelhos chorando, mas além de rezar, estamos trabalhando. Assim, melhor do que as redes, as pessoas estão se integrando mais, se ajudando mais e fazendo negócios diferentes e com mais resultados.

O que na década de 90 chamávamos de "A regra de ganha-ganha", para os negócios, mais atualizados estamos com o WIN-WIN.

Outra novidade restaurada é a CSV - COMUNICAÇÃO SEM VIOLÊNCIA e a NÃO EXPLORAÇÃO DE CONFLITOS.

Deste modo temos a Inovação do século 21, como Timmons previu.

"O empreendedorismo é uma revolução silenciosa, que será para o século 21 mais do que a revolução industrial foi para o século 20" (Timmons).

Muito mais do que Fazer Concurso e Arranjar Emprego, as pessoas criam, empreendem e inovam criando trabalho e renda.

E o Empreendedor Inovador busca uma Negociação parceira e amigável, em todo e qualquer Ambiente, seja ele, familiar, social ou profissional.

Em Novos Modelos de Fazer Negócios vamos inserir a criação de Novas Redes, Novos valores e bons resultados inesperados para o novo século.

2. Conceituação

Um negócio tem início, mesmo antes de ser negócio. Como uma criança que não sabe quem é, um negócio nasce de uma ideia que pode vir a ser um grande negócio.

Da semântica, a palavra negócio vem NEGAR O ÓCIO.
Portanto, podemos entender como uma ação.
O Plano de negócio seria então uma estratégia de como realizar a ação.

Se partirmos deste conceito, então teremos que: um plano de negócio é o planejamento de como atingir os objetivos da ação idealizada e proposta.

Estamos crescendo e aprendendo como uma ideia pode virar um negócio.
E como um negócio pode virar um Grande Negócio?
Os conceitos de Startup servem para ajudar estas ideias a se transformarem em negócios e depois, talvez grandes negócios.

O conceito de Startup, agora então com a nova lei, fica claro.
Startup é uma ideia / projeto que pode ser repetido, escalável e de ALTO RISCO.

Assim, uma ideia pode e deve ser investigada, testada e prototipada, para responder à QUESTÃO: vale a pena?

Daí nasce o teste de cliente. Existe alguém que deseje, possa ou queira usar sua ideia?
Precisa valer a pena para outra pessoa também além de você que teve a ideia.
Então temos dois pontos relevantes:

1. A sua ideia.
2. E a outra pessoa que vai usar sua ideia.

Como nasceu sua ideia?
Sua ideia nasceu de uma percepção, demanda?
Muitas ideias.
Para estudar e avaliar uma ideia poderá considerar dois autores com excelentes descrições:

Domenico de Masi e Marshall Rosenberg citam que:
"A plenitude da atividade humana é alcançada somente quando nela coincidem, se acumulam, se exaltam e se mesclam o trabalho, o estudo e o jogo;

isto é, quando nós trabalhamos, aprendemos e nos divertimos, tudo ao mesmo tempo" (Domenico De Mais).

"No centro de toda raiva está uma necessidade que não está sendo satisfeita" (Marshall Rosenberg).

Isto posto, podemos compreender a importância da percepção para a construção de uma ideia, o valor do ambiente e do sentimento entre as pessoas, quer trabalho ou espaço social.

- O Primeiro passo foi percebido e a ideia foi elaborada como solução de um problema ou valor para o ambiente;
- O Segundo é a pesquisa de mercado, o espaço de clientes. Aquelas pessoas que possam vir a utilizar e para as quais sua ideia de proposta venha a ter VALOR.

Daí vem a Negociação. Como fazer negócio, construir um projeto/produto, criar uma empresa, que realmente tenha valor para todos.

A regra do WIN WIN e a Estratégia é a CSV.

3. A regra do WIN WIN – antes sob o título da regra do ganha-ganha

Estudos anteriores comprovaram que, durante algumas negociações, mais valeria diminuir suas expectativas e conseguir fechar acordos, do que sair de mãos vazias. Neste tempo a regra do ganha-ganha dizia que todos poderiam ganhar, se cada um cedesse um pouco. Daí as expectativas de acordos aumentaram e a produtividade teve um ganho real. Hoje mais globalizados, temos a regra do WIN-WIN, claro que, com o mesmo direcionamento. As estratégias de negociação mudaram e novas tendências surgem com mais modelos de acordos, parcerias, bem como novos modelos de empresas e de fazer negócios.

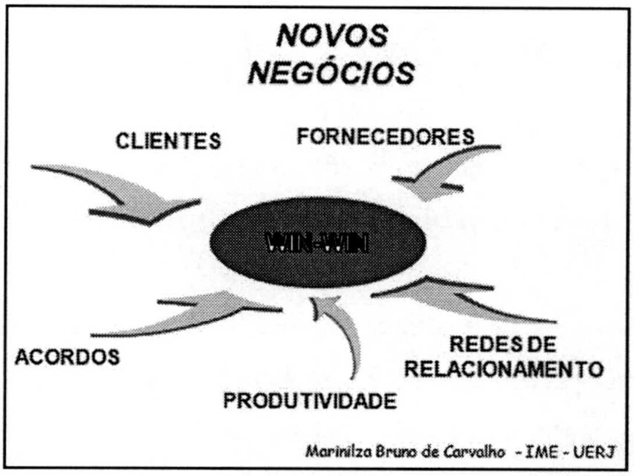

Figura 1 – Regra WinWin

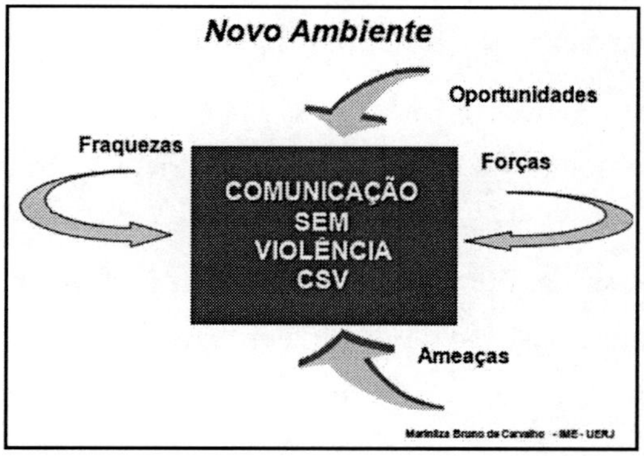

Figura 2 - Novo Ambiente com a CSV

Análise SWOT, ou FOFA, da CSV

- Fraquezas (Weaknesses) – No caso de alguma fraqueza da CSV é realmente o grande trabalho exigido pelas pessoas que atuam com esta estratégia. Cobra muita perspicácia, talento, habilidade de todos, no lidar com o outro e muito compromisso com os resultados.

Um preparo de prova pode parecer trivial, caso a matéria seja muito prática. Mas, para um conteúdo mais intelectual, a falta da CSV pode excluir o participante com a questão inadequada. Este exemplo pode demonstrar a Fraqueza da CSV com o despreparo das pessoas no seu conhecimento e utilização.

- Ameaças (Threats) – Podemos entender como uma ameaça à CSV, a capacidade de muitas pessoas de ver em primeiro lugar ou somente ver as dificuldades e problemas. São as pessoas que fazem parte do problema. Não pertencem ao grupo da solução. Deste modo é uma ameaça a CSV que precisa ser percebida e conquistada ou convertida. Neste ponto são necessários os arautos das boas notícias e os EXEMPLOS DE SUCESSO.
- Forças (Strengths) – A força da CSV é realmente o caráter positivo que esta estratégia se propõe a instalar nos ambientes e nas pessoas. É um ambiente de valor, positivo, agregador, empático, saudável e desenvolvedor em todos os sentidos: profissional, intelectual, sentimental e produtivo.
- Oportunidades (Opportunities) – As oportunidades serão vistas e percebidas pelas pessoas. A CSV é uma Estratégia. Quem oportuniza e gera resultados são as pessoas que a utilizarem. A CSV exige características específicas de perfil empreendedor e inovador para quem a executa. Assim as oportunidades existirão na medida em que as pessoas tenham conhecimento e capacidade de perceber o outro, o ambiente, o processo, as ideias e desenvolverem soluções.

5. O Empreendedor Inovador e sua Negociação

Neste ambiente, a comunicação é a chave de todos os percalços para as questões e respostas no mundo atual. A estratégia de comunicação proposta pela Comunicação Sem Violência (CSV) preza por uma comunicação eficaz e empática, dando ênfase à importância de determinar ações à base de valores comuns.

Como muitos outros, Marshall trouxe excelente contribuição para este tema com os seus 4 pilares da Comunicação Sem Violência (CSV), que são:

- Observação, em lugar de julgamento ou juízo de valor, isto é observar e descrever os fatos sem julgamentos ou crítica;
- Sentimentos devem ser demonstrados, em vez de avaliações e opiniões;
- Necessidades compartilhadas ou valores universais em lugar de estratégias;
- Pedidos claros ou solicitações, por favor, por gentileza, em lugar de ordens e demandas.

Em um mundo violento, cheio de preconceitos, conflitos e mal-entendidos todos buscam ansiosamente soluções para melhorar a relação com os outros. Nesse sentido, a boa comunicação é uma das armas mais eficazes. Grande parte dos problemas entre casais, pais e filhos, empregados e empregadores, vizinhos, políticos e governantes pode ser amenizada e frequentemente evitada apenas com... palavras.

Porém, saber ouvir o que de fato está sendo dito pelo outro e expressar o que de fato queremos dizer, Barbara Minto lembra que embora pareça tarefa simples, é das mais difíceis.

6. A CSV nos Negócios

A CSV se baseia em habilidades de linguagem e comunicação que fortalecem nossa capacidade de manter a humanidade, mesmo em condições adversas.

Segundo Marshal, "as pessoas não abandonam seus trabalhos, abandonam seus gestores".

E Mattos (1996) já dizia "O Infeliz só agride e não produz. Só o feliz produz." Isto posto, temos uma temática em estudo de como exercer a colaboração e a liderança no trabalho e na sociedade?

Como construir relações de confiança nos negócios e na família?
O primeiro passo está na própria visão da necessidade de ter e fazer uma Comunicação sem violência.

Parecido com a ideia de que só resolvemos um problema, depois que o identificamos. Também este é um problema a ser identificado. As organizações precisam identificá-lo.

Daí também, e da mesma forma que as organizações irão rever seus processos para se adequarem a LGPD, uma LEI nova.

Também devem adequar suas resoluções, contratos e acordos, petições e demais documentos, que chegam as pessoas, mais como ameaças, do que como comunicação e muito menos acordo.

Antes de papel, mesmo virtual, existem as palavras ditas, que devem ser mais bem ditas e melhor ainda compreendidas.

Em um mundo virtual, como estamos vivendo agora, urge a constante comunicação verbal e principalmente com o contato visual ainda que no virtual. O corpo fala, as reações simples transmitem muita informação e comunicação.
O Mapa de Empatia é um exercício primordial para a CSV.

Antes de uma reunião, seria importante analisar, como se PENSA E SENTE, com relação aos participantes deste encontro?

Como se deve preparar para FALAR E O QUE FAZER?
E o preparo para VER E ESCUTAR?

Trouxemos a CSV para tratar de negócios e parcerias, mas esta mesma CSV deveria fazer parte do cotidiano do ser humano.

As frases Por Favor, Dê licença e Obrigado são ensinadas às crianças, mas os adultos já se esqueceram delas.

Os chefes dão ordens, julgam e avaliam preconceituosamente sem conhecimento da verdade e por incrível que possa parecer também TEM DIFICULDADE EM se desculpar. E não dão exemplos.

Com o mundo novo que se desenha, clientes e fornecedores exigirão melhor tratamento e neste ambiente é que os projetos tendem a crescer e se desenvolver.

O entendimento desta realidade já foi desenhada há algum tempo e agora tem seu início comprovado .

O empreendedor inovador produz o que tem prazer em fazer e feliz com sua produção. Ele deseja agradar o cliente que deve sair feliz com seu produto e trabalho.

O perfil Empreendedor é a nascente da CSV. É o empreendedor inovador que propõe solução. É ele que sabe dizer obrigado. É o mesmo que consegue elogiar. Quantas pessoas em suas organizações passam um dia, isto é conseguem passar 24 horas, sem agradecer alguma coisa ou alguém, elogiar ou mesmo, propor uma solução de problema? Infelizmente a resposta é São Muitas.

Claro está, que estamos a apresentar novos valores que ainda não estão nas esquinas e muito menos nas organizações, mas já podemos perceber sua entrada gradativa e forte em muitos setores.

Este é um processo sem volta. Pode demorar a cobrir grandes espaços, mas certamente estarão nos MELHORES ESPAÇOS.

Os pequenos negócios, respondem por 72% dos empregos gerados no país diz o SEBRAE (Publicado em 03/08/2021 - 06:11- Por Agência Brasil Brasília) e um terço do PIB Brasileiro, exercendo seu papel de boas negociações a base da CSV.

Muitos criaram seus projetos/ produtos, nesta crise que se abateu sobre todos, a partir de sonhos e se arriscaram com eles, felizes do que conquistaram. Suas equipes trabalham em colaboração, com ideias construídas em conjunto e parcerias cada vez mais agregadoras.

Possivelmente, sem ter o conhecimento do que é CSV, eles exercitam este tipo de comunicação. Seus clientes são bem recebidos, seus fornecedores são articulados em parcerias WIN WIN. Que é bom para todos.

A propaganda é no modelo Nestlé apresentado na década de 90, seus clientes são seus melhores propagandistas.

7. Na liderança

Como iniciar uma COMUNICAÇÃO SEM VIOLÊNCIA? A resposta a esta questão é bem conhecida, mas pouco trabalhada. Muitos líderes perdem seus espaços tornando-se chefes e outros se configuram líderes nestes espaços desocupados. É o EXEMPLO.

O líder dá o exemplo e o Chefe dá ordem.
O Líder vai à frente e se arrisca com sua equipe. Assim começa a Comunicação

Sem Violência. Estão todos no mesmo barco. O líder pede, solicita e propõe. O liderado escolhe, combina e planeja.

As 5 Características do Empreendedor Líder com a CSV:

1. COERÊNCIA – o líder precisa ser coerente. Realizar suas ações à luz de seus valores declarados.
2. COMPETÊNCIA – claramente precisa conhecer do negócio, ter competência no que faz e principalmente na gestão de equipes.
3. COMPROMISSO – compromisso com os objetivos desenhados e relevância no compromisso com as pessoas da equipe. Neste ponto a CSV tem a maior responsabilidade. Ao chamar um membro da equipe deve conhecer seus desejos, princípios e valores.
4. CONCILIAÇÃO – um líder deve ser conciliador e cuidar da sua equipe. A CSV é a estratégia para o líder cuidar dos conflitos e negociar as soluções, sem explorar o negativo. É importante fazer parte da solução e não do problema.
5. CONFIANÇA – um líder deve conquistar a confiança da equipe. Por isto ele deve ser declarado líder pela própria equipe. Este é o sinal de confiança dada pelos membros. Assim tem-se que a confiança é dada, em primeiro lugar, depois ela é cobrada. Daí caberá ao líder através de uma COMUNICAÇÃO SEM VIOLÊNCIA - CSV responder a esta confiança.

8. No trabalho de equipe

O trabalho de equipe exige conhecer os talentos e habilidades de seus componentes. O nível de qualidade de uma equipe é traduzido pela composição dos talentos e habilidades de seus membros. A COMUNICAÇÃO SEM VIOLÊNCIA – CSV é a estratégia de comunicação, produção e trabalho.

- No planejamento para realização das atividades devem ser identificados os desejos e sonhos de cada um, de modo que todos saibam qual a relevância de seu trabalho naquele produto.
- Cada colaborador, membro da equipe, deve se comunicar com todos e a informação deve fluir entre todos.

A perspicácia e o tempo são suas diretrizes.

Fonte: Quais características você tem do perfil Águia? - Ser Melhor e PlenoSer Melhor e Pleno

Fonte: Horário de verão 2017 começa neste domingo; moradores de 10 estados e DF devem adiantar relógio em 1 hora - Jornal Café com Leitecafecomleitenoticias.com.br

Figura 3 – Perspicácia e o Tempo

A informação e a comunicação devem chegar sempre a tempo, integral e correta.

Na Comunicação deve prevalecer o positivo. Dizer a que veio, o que precisa e o que se deve fazer. Sem realçar o negativo.

Os desafios e as incertezas fazem parte das atividades de Empreender e Inovar sem Conflitos.

Fonte: MAR MARCANTEUrban Arts

Fonte:https://www.colegioweb.com.br/geografia/5-montanhas-lindas-no-brasil-para-isitar.html

Figura 4 – Incertezas e Desafios

- Os conflitos devem ser resolvidos em conjunto e sem votação. Todos devem ganhar. WIN WIN. Portanto, a CSV exige consenso, de modo que todos tenham o que dar e receber. Trata-se de negociar. Todos ganham talvez menos do que esperam. É importante lembrar que o desejo de ganhar MAIS E DEPOIS GANHAR MENOS – não é perda, é negociação. Ninguém perde o que ainda não tem.

Na avaliação

Nos processos de avaliativos, principalmente sob a nova ótica da avaliação, para transformar, crescer e aprimorar, a CSV tem um caráter estratégico primordial.

Praticamente este novo modelo de avaliação só alcançará objetivo com a estratégia da CSV.

- Os novos processos de avaliação buscam o aperfeiçoamento e o crescimento. É orientada para uma prática sem conflitos.
- Minimiza a distância entre o discurso dos projetos de avaliação e a realidade de sua aplicação, nos ambientes de trabalho e na cultura instalada das instituições.

- A nova visão traz a avaliação, como estratégia de monitoramento, aprimoramento e validação.
- Exigem processos de identificação, medida, comparação, julgamento, diagnóstico (Indicadores) e intervenção (melhorias).

Figura 5 – Avaliação e a CSV

Na construção das dimensões, categorias e indicadores, a CSV pode garantir a idoneidade do processo, na medida em que a partir de suas diretrizes, o processo avaliativo garante as duas fases distintas. A coleta das informações com questionários respondidos segundo a CSV e a fase de julgamento pela equipe de avaliação segundo os critérios preestabelecidos de forma integra e correta.

A CSV pode garantir que as questões desenvolvidas sejam apresentadas aos respondentes completamente inofensivas, claras, objetivas e diretas. Garantem a seriedade do projeto proposto e a integridade das perguntas. As pessoas devem se sentir tranquilas em dar as respostas, ainda que sem completo entendimento, mas muito seguras do processo de legitimidade e validade do processo avaliativo, ora em desenvolvimento.

As perguntas devem ser muito simples e totalmente diretas, sem violência, garantindo completa segurança a quem responde.

Cumprindo os padrões Internacionais da Avaliação e com base na CSV, as questões da Avaliação devem ser:

- Úteis para todos.
- Viáveis.

Isto é, a pessoa que recebe a pergunta deve ter a informação solicitada.

- Éticas.

A pessoa deve se sentir tranquila e segura em responder.

- Precisa.

A questão deve ser clara e objetiva, de modo a permitir uma resposta precisa.

Neste sentido a CSV colabora a legitimidade do processo e colabora com a nova visão de Avaliar qual seja, transformar, crescer e aprimorar.

10. Conclusão

Apresentamos neste trabalho um resumo das novas propostas de Negócios com base no Perfil Empreendedor, no conceito de Inovar e as estratégias WIN-WIN e CSV para o desenvolvimento de Novos Negócios.

Muito mais do que Fazer Negócios, urge a criação de Modelos que contribuam para o Sucesso destes Novos Negócios. Os estudos trazidos desejam garantir resultados, considerando que cada vez mais teremos Menos Tempo e Mais Desafios.

Assim, e neste cenário, identificamos 3 (três) oportunidades da maior relevância, e cujas estratégias apresentadas permitirão o alcance completo de todos os objetivos.

1. Geração de maior troca de conhecimentos no Modelo Win- Win.
2. Mapeamento das tantas ideias percebidas no Modelo CSV com integração de equipes para executar;
3. Captação de recursos, tanto financeiros como humanos, sendo estes com as características de empreendedor inovador.

Estabelecidas algumas destas ações integradas e em diferentes campos do conhecimento poderemos atingir os objetivos de ressurgir desta pandemia com mais valores humanos, trabalho, saúde e renda.

As estratégias podem trazer uma Sociedade mais plural, colaboradora e produtiva.

Referências Bibliográficas

Aline Cataldi, PUC, 2013 – Educação Emocional: trabalhando a Inteligência Emocional.

Anne Miller .A Arte de Vender Ideias - Como Acabar com a Resistência à Criatividade eà Inovação – 2010 – Ed. Unicamp – Campinas – SP.

AZNAR, Guy. Ideias: 100 técnicas de criatividade. São Paulo: Summus, 2011.
BARKERJ. SEMINÁRIOS DE NIVELAMENTO - São Paulo - 1995.

BOM ANGELO, Eduardo. Empreendedor Corporativo. RJ. Ed. Elsevier. 2003.
CARVALHO, Marinilza Bruno de; Inovação para Organizações Empreende-

doras: Uma Avaliação no Ambiente Institucional, Editora Ciência Moderna -2018.

CARVALHO, Marinilza Bruno de; DIAS, José Carlos Vaz; RITTO, Antonio Carlos de Azevedo. Gestão da Inovação nas ICTs. RJ: PodEditora, 2011.

CATALDI, Aline PUC,2013 – Educação Emocional: trabalhando a Inteligência Emocional.

CHESBROUGH, Henry.Open Innovation: The New Imperative for Creating and Profiting from Technology, Boston: Harvard Business School Press, 2003.

Christensen, Clayton M. e Raynor, Michael E, The innovatorsolution; O crescimento pela inovação: Como crescer de forma sustentada e reinventar o sucesso. Tradução de Serra, Afonso C.C Elsevier RJ -2003.

Cruz, Dr. Ricardo: Te Cuida - Felicidade é o que conta. 14 estratégias de Felicidade à Luzdas Neurociências. Dr. Ricardo Cruz.Youtube; 28/01/2020.

DAVILA, TonyEPSTEIN, M.SHELTON, R.As regras da inovação. Porto Alegre: Bookman, 2007.

De Masi, Domenico. Ocio Criativo. Ed. Sextante, 2913, RJ.

Frankl, Viktor.Em Busca do Sentido da Vida, Ed. Vozes. R.J.2017.

GOMES, Francisco Rodrigues. Livro Sobre Inovação. O Caso Sandálias Havaianas® através do Modelo D.E.I: Aplicação do Modelo D.E.I - Difusão de Inovações, Estratégia e a Inovação [internet]. Versão 20. Knol. 2010 jun.

Disponível em: http://knol.google.com/k/francisco-rodrigues-gomes/livro-sobre-inovação-o-caso-sandálias/11trgj5ebxv6a/2.

Judith Butler. A força da não violência: Um vínculo ético-político. ISBN – 978-6557170885. Editora Boitempo,SP.1ª edição.2021.

Marcelo Pimenta. Qual a relação entre comunicação não violenta e inovação?Janeiro,2021.https://marcelo.pimenta.com.br/categoria/educacao-inovadora/page/2/. Em 4 de janeiro de 2022.

Marshall B. Rosenberg, COMUNICAÇÃO NÃO VIOLENTA. ISBN-9788571832640. REF: 20264.Editora Ágora, SP. Edição5. Ano2021.

MATOS, Francisco Gomes de. Empresa Feliz. São Paulo, Makron Books, 1996.

MINTO, Bárbara. O Princípio da Pirâmide. São Paulo, Makron Books, 1991.

MORETTO, Vasco Pedro. Planejamento: planejando a educação para o desenvolvimento das competências. Petrópolis: Vozes, 2013.

TIDD, Joe BESSANT, John PAVITT, Keith. Gestão da Inovação. 3 ed. Porto Alegre: Bookman, 2008.

Anexo

ITECS - Incubadora Tecnológica e de Empreendimentos Sociais e Cooperativas Sociais

Relato de uma Empresa Incubada

A LICSAN TECNOLOGIA EM INFORMÁTICA LTDA

Adriano Francisco da Silva

Sócio-Diretor

adriano.gauss@yahoo.com.br

Resumo

A LICSAN é uma empresa que desenvolve softwares sob encomenda e participa do processo de incubação na Incubadora Tecnológica e de Empreendimentos Sociais e Cooperativas Sociais (ITECS – UERJ). Concebida a partir da ideia de universitários inovadores, desbravando o potencial das novas tecnologias como blockchain, internet das coisas, inteligência artificial, entre outras, em projetos para o setor público e privado.

Palavras-chave: Tecnologia, incubadora, IOT, inovação.

Introdução

A empresa é composta por dois sócios, Adriano Francisco da Silva, técnico em programação de computadores pelo Colégio Pedro II, graduando em Ciência da Computação na UERJ, desenvolve softwares para o ensino e pesquisa desde 2007. Tem artigos divulgados em conferências nacionais e internacionais. Em 2010 foi líder de Célula Acadêmica (Programa da Microsoft, no qual estudantes formam equipes para desenvolvimento de novas tecnologias). Possui experiência no desenvolvimento de soluções para área de educação como: aplicativos inclusivos, simuladores laboratoriais e sites acadêmicos. Detém conteúdos culturais registrados no Escritório de Direitos Autorais, curta-metragem e desenhos, além de depósitos de marcas no Instituto Nacional de Propriedade Industrial. Em 2012 trabalhou no LATIC (Laboratório da Tecnologia da Informação e Comunicação da UERJ), como desenvolvedor de aplicativos web para o ensino de ciências.

O segundo sócio, César Amorim Marques do Ó, técnico em programação de computadores pelo Colégio Pedro II, graduando em Ciência da Computação na UERJ, possui experiência como instrutor de informática e designer gráfico, além de certificação em administração de sistemas Solaris 8. Fez parte do programa Células Acadêmicas (Programa da Microsoft, no qual estudantes formam equipes para desenvolvimento de novas tecnologias), tendo papel decisivo na elaboração de conteúdo digital do grupo de pesquisa.

Dependendo da demanda dos projetos são contratados profissionais para suporte em atividades relacionados aos projetos, sejam eles bolsistas ou terceirizados.

A necessidade por informatização é algo crescente, e está presente em todos os setores da economia, entretanto, o foco da empresa está no setor de educação, entretenimento e intermediação de serviços.

Desenvolvimento

Os principais projetos realizados pela empresa são do setor de ensino, mas dois projetos de outros setores merecem destaque:

- O Sistema SECOMIG, é uma ferramenta de cadastro e busca do acervo, inventário, projetos e pesquisa do Ecomuseu Ilha Grande, ele permite interação entre os usuários, compartilhamento de pesquisas, geolocalização, identificação por QrCode, entre outros benefícios de uma ferramenta online de gestão de patrimônio.

- O aplicativo COOPERATE é uma ferramenta de intermediação de serviço de proteção veicular, reconhecida como negócio sustentável pelo selo Shell Iniciativa Jovem 2019. A inovação está ao reunir, em um único aplicativo, empresas de proteção veicular, onde o usuário poderá cotar e contratar serviços, o que não é oferecido pelos concorrentes. Facilidade para aquisição mesmo em áreas classificadas como de alto risco e flexibilidade com relação ao serviço de proteção ao crédito. Todos os dados são criptografados e salvos em um Blockchain para maior segurança, o sistema trabalha com inteligência artificial para identificar padrões de uso e oferecer informações precisas para cooperativas e clientes. São cerca de 2 milhões de automóveis, 100 mil motocicletas e 80 mil caminhões no programa de proteção veicular. Considerando que no país a frota sem nenhum tipo de proteção é de 35 milhões de veículos, a participação das associações é de pouco mais de 0,5%. Atualmente o aplicativo está expandindo para o setor agropecuário e financeiro.

Quanto ao setor de ensino, a LICSAN atua com simuladores, ferramentas de catalogação, pesquisa, jogos educativos e repositório de vídeos. Com a melhoria da banda larga no Brasil, a entrada de multinacionais de sistemas de ensino e a demanda por qualificação de mão de obra, as empresas nacionais procuram metodologias eficientes que satisfaçam suas necessidades e de seus clientes.

Estas empresas que trabalham com materiais didáticos para empresas, universidades, escolas do ensino fundamental e médio encontram na LICSAN uma parceira para produção de novos materiais interativos. Na última década o mercado para os sistemas de ensino encontrava-se bem estável e crescendo pouco no setor privado, com as previsões mais otimistas admitindo um crescimento até o limite de 42% de penetração nas escolas.

No entanto, há alguns anos, o cenário mudou. Escolas públicas, através das secretarias municipais de educação, começaram a optar pelos sistemas de ensino em detrimento ao livro didático encaminhado pelo MEC.

Os produtos são desenvolvidos em parceria com a UERJ, na abordagem e elaboração de conteúdos que atendam as necessidades dos educadores e alunos, pois eles, como consumidores finais, terão um papel importante na divulgação dos produtos da empresa.

O principal produto é o LUDIC LAB, com marca registrada no INPI, um conjunto de ferramentas interativas para o ensino de ciências, através de simuladores, realidade aumentada, softwares de análise e jogos digitais.

Uma das vantagens de se desenvolver softwares customizados é que eles são otimizados para as atividades do cliente, isso torna a curva de aprendizagem e manutenção mais fáceis. Um problema das ferramentas concorrentes é o excesso de módulos desnecessários, de difícil adaptação às necessidades e suporte técnico.

Conclusão

Os desafios da LICSAN em um ambiente de inovação passam por tornar ideias em algo economicamente sustentável e escalável, uma tarefa que não é fácil, pois demanda tempo e investimento financeiro considerável, levando em conta que mesmo com as projeções do plano de negócio e pesquisas de mercado, a realidade é completamente diferente e imprevistos podem acontecer. A questão da propriedade intelectual, registro de marcas e patentes, assim como os aspectos jurídicos e tributários relacionados à legalização da empresa e suas atividades, foram fatores importantes para definir o caminho que a empresa iria trilhar.

Impressão e acabamento
Gráfica da Editora Ciência Moderna Ltda.
Tel: (21) 2201-6662